KB272661

AI 시대 엄마가 먼저 알아야 할
최상위 공부법

이 책은 한국여성기자협회의 후원을 받아 저술·출판되었습니다.

AI 시대 엄마가 먼저 알아야 할 최상위 공부법

초판 1쇄 발행 2026년 3월 30일

지은이 오주연, 김지예, 김현아

펴낸이 조기흠
총괄 이수동 / **책임편집** 이지은 / **기획편집** 박의성, 최진, 유지윤
마케팅 박태규, 임은희, 김예인, 김선영 / **제작** 박성우, 김정우
교정교열 서진 / **디자인** 유어텍스트

펴낸곳 한빛비즈(주) / **주소** 서울시 서대문구 연희로2길 76 5층
전화 02-325-5506 / **팩스** 02-326-1566
등록 2008년 1월 14일 제 25100-2017-000062호

ISBN 979-11-5784-868-3 03370

이 책에 대한 의견이나 오탈자 및 잘못된 내용은 출판사 홈페이지나 아래 이메일로 알려주십시오.
파본은 구매처에서 교환하실 수 있습니다. 책값은 뒤표지에 표시되어 있습니다.

⌂ hanbitbiz.com ✉ hanbitbiz@hanbit.co.kr ❙ facebook.com/hanbitbiz
Ⓝ blog.naver.com/hanbit_biz ▶ youtube.com/한빛비즈 Ⓘ instagram.com/hanbitbiz

지금 하지 않으면 할 수 없는 일이 있습니다.
책으로 펴내고 싶은 아이디어나 원고를 메일(**hanbitbiz@hanbit.co.kr**)로 보내주세요.
한빛비즈는 여러분의 소중한 경험과 지식을 기다리고 있습니다.

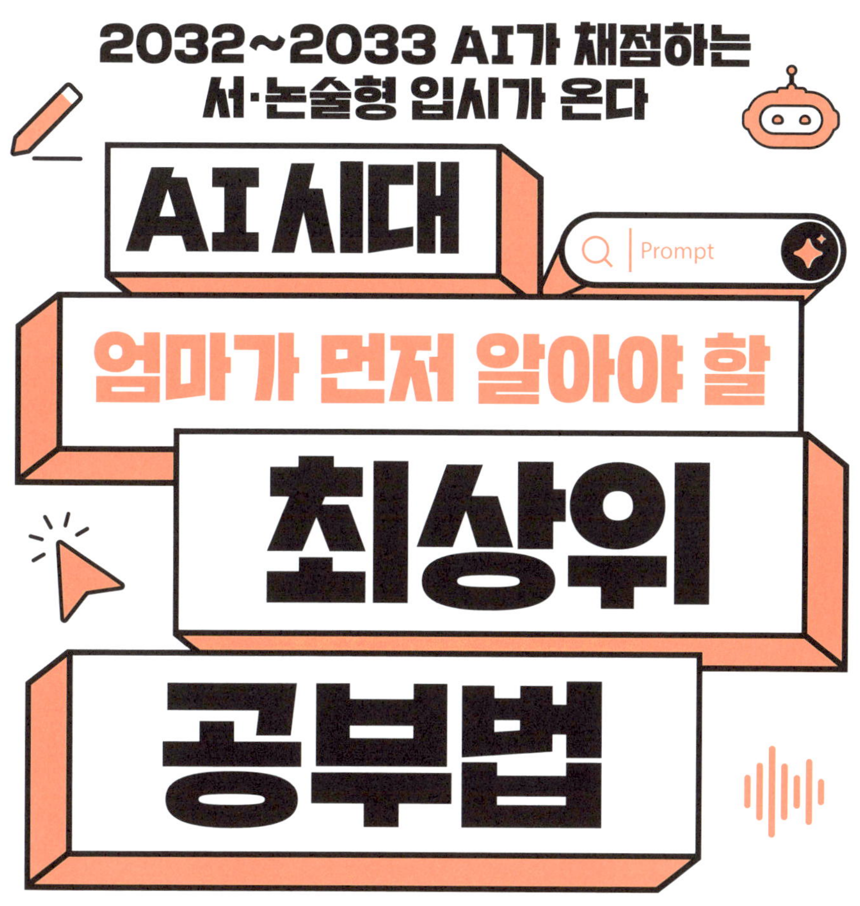

2032~2033 AI가 채점하는
서·논술형 입시가 온다
AI 시대
Q | Prompt
엄마가 먼저 알아야 할
최상위
공부법
오주연·김지예·김현아 지음
한빛비즈
Hanbit Biz, Inc.

AI 시대 교육,
막연한 불안을 넘어

뉴스에서도 일상 대화에서도 인공지능AI이 빠지지 않는 요즘입니다. 가파른 시대 변화 앞에서 '우리 아이를 어떻게 키워 내야 하는가'에 대한 고민도 어느 때보다 치열합니다. "미래 교육은 문제 풀이가 아닌 읽고 쓰는 능력을 기르는 게 관건이다." 교육 현장을 취재하면서 전문가들에게 가장 많이 들었던 이야기입니다. "앞으로는 20세기식 대량 생산 시대의 교육을 반복해선 안 된다", "옆집 아이보다 높은 점수 받아 오는 아이를 기르는 건 미래의 목표가 될 수 없다"는 지적이었습니다. 대신 AI를 비판적으로 활용하고 AI와 협업할 수 있는 능력이 필요하다고 입을 모았습니다. AI 시대, 문해력이 중요해지는 이유입니다.

학부모 입장에서 생각해 봤습니다. 이렇게 AI를 외칠 때, 교육의 변화를 강조할 때 더 불안하지 않을까. 우리 아이는 어떻게 길러야 하는 것일까. 학교에선 서·논술과 토론을 더욱 강화할 것이라고 하는데, 정책이 발표되면 논술 학원, 토론 학원으로 가야 하는 걸까. 이런 현실은 기자로서의 역할을 고민하게 했습니다. 교육 실태를 전달하거나 고발만 한다고 해서 현실이 변화할까? 학부모에게 실질적인 도움을 줄 수 있는 방법은 없을까?

교육 분야를 취재한 세 기자의 'AI 문해력 책'은 여기에서 시작됐습니다. AI 시대의 문해력만큼은 아이들 스스로 갖출 수 있기를 바라는 마음이었습니다. 단순히 '문해력이 중요하다'는 메시지를 넘어, 앞으로 전개될 대학 입시제도 개편, 서·논술형 평가 확대, 문해력 중심 평가 체계 전환 등 교육 정책에 대한 대응법을 고민하는 학부모들에게 도움이 되고자 했습니다. '디지털 네이티브' 세대를 위한 문해력 교육, 사교육에만 의존하지 않고 일상에서 실천할 수 있는 읽기·쓰기 방법처럼 실질적인 조언도 녹였습니다. 특히 초등학생 둘, 유아 둘을 키우고 있는 엄마 기자들이 직접 아이들과 실천해 봤던 노하우를 꼼꼼히 담았습니다.

대입제도에 대한 불확실한 정보도 걷어 내고자 했습니다. 교육 당국은 어떤 고민을 하고 있는지, 앞으로 교육 제도가 어떤 방향으로 향할지도 가늠해 봤습니다. 긴 정책 흐름 속에 학생들의 문해력을 끌어올릴 방안을 제시하려 했습니다. 문해력의 차이를 좁히는 건 교육 격차, 교육 양극화를 줄이고 학생들이 자신의 진로를 선택하는 데에도 도움이 될 수 있다고 생각합니다.

책은 총 4개의 장으로 구성되어 있습니다. 우선 AI 시대에 아이들에게 어떤 역량이 필요한지 살펴본 뒤, 이를 반영한 교육 정책의 변화를 분석했습니다. 그다음 우리 아이들의 역량을 어떻게 길러 줄지 방법을 다뤘습니다. 시대 변화에서 출발해 국가의 교육 정책을 거쳐, 우리 집까지 단위를 좁히며 AI 시대 교육에 다가가 보고자 했습니다.

각 장의 내용은 이렇습니다. 1장 'AI, 미래 인재의 기준을 바꾼다'에서는 AI 시대 문해력이 중요해지는 이유와 함께 디지털 세대가 겪는 문해력 부족의 현실을 짚었습니다. 태이나면서부디 디지털 기기를 손에 쥐는 시대, 흔들리지 않고 AI 시대를 살아 내기 위한 단단한 뿌리로서의 '문해력'의 중요성을 담았습니다.

2장 '포스트 2028, 대입제도가 변한다'에서는 AI 시대에 맞춰 변화하는 교육 정책을 취재해 실었습니다. 특히 미래 교육을 둘러싸고 우리 교육계는 어떤 청사진을 그리고 있는지, 무엇을 고민하며 어떤 논의를 이어 가고 있는지를 살펴보기 위해 교육 당국과 입법 관계자들의 인터뷰를 '날것'으로 담아냈습니다. 가감 없이 오간 질문과 답변 속에서 교육 변화의 방향에 대한 단서를 독자들과 함께 찾고자 했습니다. 현재 시행 중인 2028학년도 대입제도에 이어, 정부가 만들고 있는 포스트 2028의 새로운 대입제도의 방향성을 안내해 불확실성도 줄여 보고자 했습니다.

1·2장에서 기자의 시선으로 교육 대전환의 흐름을 취재하고 기록했다면 3장 'AI 채점에도 밀리지 않는 아이로 키우는 법'에서는 현실적인 대응 방안을 구체적으로 담았습니다. 글밥이 많은 책이나 활

   AI 시대 엄마가 먼저 알아야 할 최상위 공부법

자가 익숙하지 않은 아이들이 좀 더 편안하게 책과 뉴스를 다루길 바라며 고민한 결과입니다. 방송 뉴스를 통해 문해력 향상은 물론 토론을 연습하는 법, 매일 부담 없이 하는 종이 신문 읽는 법도 제안했습니다.

4장에서는 그동안 현장 취재 과정에서 기사에 담지 못한 현장 뒷이야기를 풀었습니다. 평범한 공립 고등학교에서 이뤄 낸 '수능 만점' 이야기와 문과 성향 아이들도 받을 수 있는 영재교육, 교육계에서 화두가 되고 있는 '국제 바칼로레아IB' 학교 현장 등 교육의 최근 트렌드도 만나실 수 있습니다.

교육에는 정답이 없다고 합니다. 하지만 정답이 없는 게 오히려 기회가 될 수 있다는 생각도 합니다. AI 시대에는 '정답'을 찾는 것보다, 질문을 하는 게 더 중요하기 때문입니다. 객관식 답처럼 정해진 답이 아니라, 각자 흔들림 없이 나아갈 수 있는 방법을 찾는 데 도움이 되었으면 합니다. 기자들이 현장에서 길어 올린 생생한 정보가 그 과정에서 작은 조언이 될 수 있다면 좋겠습니다.

2026년 봄

오주연, 김지예, 김현아

차례

머리말 AI 시대 교육, 막연한 불안을 넘어　　　004

CHAPTER 1

AI, 미래 인재의 기준을 바꾼다

1.　AI가 문해력 격차를 학습 계급으로 만든다　　016

AI, 교실로 침투하다　　018

AI 앞에 한국 교육은 무용지물이다　　019

AI를 이기기 위한 최소 조건, 문해력　　021

변화에 따라 넓어지는 문해력의 의미　　026

AI가 만든 가짜를 찾아라　　029

AI 시대엔 창의력도 문해력에서 온다　　031

디지털 네이티브, 심해진 학업 양극화 032

코로나19가 키워 놓은 교육 격차 034

문해력 향상 최적기는 초등학생 때 037

스크롤 독서 세대는 글을 꼼꼼히 읽지 못한다 038

종이책, 기억과 이해를 강화한다 041

2. 이미 시작된 '계급의 신호' 044

애들아, 이 단어 진짜 몰라? 044

국어를 못해서 수학 문제를 못 푼다 046

숏츠에 익숙해진 아이들, 쓰기 문제는 더 심각하다 048

개념어의 벽, 한자에서 시작한다 050

CHAPTER 2

포스트 2028, 대입제도가 변한다

1. 2028 대입 변화: 통합 수능, 서·논술형 평가 확대 056

AI에 필요한 인재, 문제 해결력을 키워라 056

2028 대입, 서술형과 '절대평가'로 이행하는 과도기 058

서울대는 신입생을 어떻게 뽑나 061

미래 인재를 기르려면 평가 혁신이 필요하다 062

중장기 교육 계획의 공통 방향:　063
수능 절대평가와 서·논술형 확대

내신 서·논술형, AI가 채점하는 시대로　070

객관식의 종말, AI 채점의 핵심은 문제 해결력이다　075

2026학년도부터 꼭 알아야 할 AI 활용법　078

2. AI 시대 창의적 인재를 기르는 교실　082

AI 시대, 교육 변화는 이미 시작됐다　082

수능의 절대평가와 서·논술형 확대를 준비하는 방법　085

정답 찾기 그만, 질문하고 표현하는 교육으로　088
　　　(구연희 세종시교육감 권한대행, 전 교육부 대변인)

독서 이력서, 우리 아이 최고의 '스펙'이 된다　098
　　　(김영호 국회 교육위원회 위원장)

토론은 사회 과목에서 출발하자　108
　　　(이덕난 국회 입법조사처 교육문화팀장, 전 대한교육법학회 회장)

3. 제도보다 먼저 움직인 문해력 교육 시장　116

한때는 코딩, 지금은 문해력: 사교육 시장의 이동　116

영어 중심에서 사고력·토론 중심으로 확장되는 시장　118

당장 학원을 다니지 않으면 늦는 걸까?　122

CHAPTER 3

AI 채점에도 밀리지 않는 아이로 키우는 법

1. 점수를 가르는 기본 체력, 읽기   **128**

'책 육아' 했는데, 왜 문해력은 그대로일까   **128**

배경지식 많은 아이가 유리하다   **130**

독서는 '양'보다 '습관'이다   **132**

우리집에만 있는 '오늘의 도서관'   **133**

생각을 키우는 부모의 질문, 기자의 질문법   **138**

저학년은 경험, 고학년은 사고 확장이 중요하다   **140**

2. 뉴스로 키우는 이해력과 사고력   **146**

방송 뉴스 활용법   **146**

  왜 뉴스가 문해력 훈련이 될까?   **146**

  활용법(1) - 하루 5분, 밥상 뉴스 습관   **149**

  활용법(2) - 뉴스 속 단어로 어휘력 키우기   **153**

  활용법(3) - 한 컷으로 정리하는 사고 훈련   **154**

신문 뉴스 활용법   **156**

  달라지는 수능, 잘 보려면 '신문'   **156**

  활용법(1) - 1일 1기사 골라 읽기   **161**

  어떻게 실천하지?   **165**

어휘력 향상을 위한 게임　176

문장력 기르기　180

3줄로 끝내는 핵심어 활용 글짓기　184

활용법(2) - 따라 쓰기　189

어떻게 실천하지?　191

활용법(3) - 기사 쓰기　197

3 글로 생각 완성하는 법: 논술 쓰기 훈련　204

왜 지금, 논술이 다시 중요해졌을까　204

논술은 무엇을 평가하는가　207

실제 대입 논술 엿보기　208

독후 감상문 대신 '생각 정리 3줄 노트'　209

관찰 일지 쓰기　213

4. 말로 생각을 드러내는 법: 토론으로 키우는 논리력　216

토론은 왜 점점 중요해질까　216

토론의 기본기, 주장보다 '논거'　218

AI 리터러시의 핵심　222

토론에도 수준이 있다: '역지사지' 토론　225

학교 수업 속 실제 토론　229

CHAPTER 4

학교는 이미 움직이고 있다: 취재로 본 교육 현장

1. 수능 만점자 연속 배출 학교의 비밀　242

AI 시대에도 수능은 유효할까　242

2년 연속 수능 만점자를 배출한 일반고의 비밀　246

'나만의 생기부'를 만들어 주는 방법　247

결국 꿈이 성적을 바꾼다　249

수능 만점 학교의 '비법 노트' 공개　251

2. 영재교육이 보여 주는 문해력의 힘　254

문과 영재는 입시에서 더 이상 의미가 없을까?　254

문예창작 영재는 사고력을 키운다　257

3. 자는 아이 없는 수업, IB의 차이　262

IB가 뭔가요　262

듣는 수업과 참여하는 수업의 차이　263

질문·토론·발표가 만든 변화　265

맺음말 AI 시대일수록 언어는 중요해집니다　270

CHAPTER
1

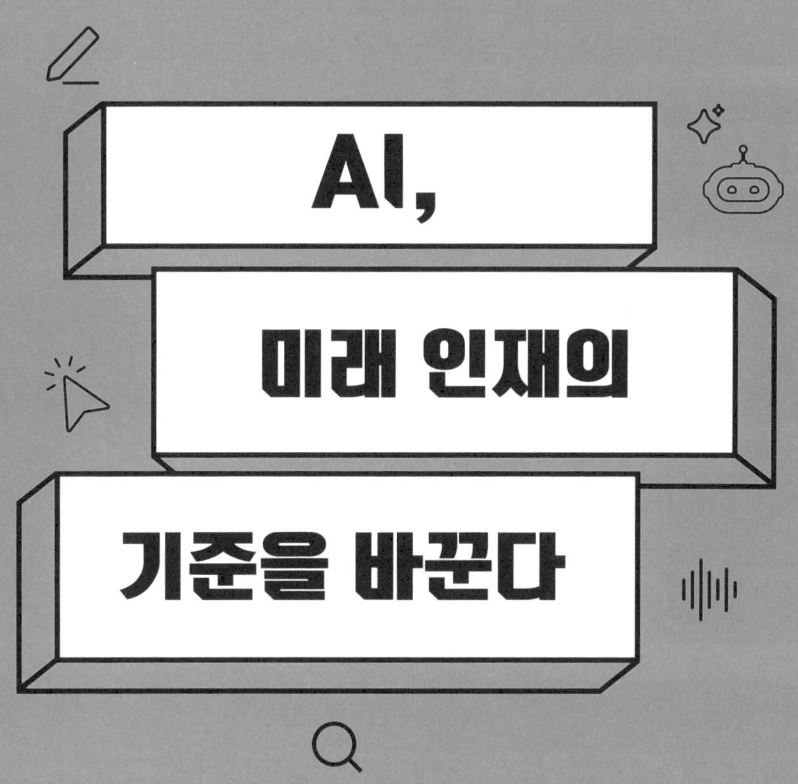

AI,
미래 인재의
기준을 바꾼다

AI가 문해력 격차를
학습 계급으로 만든다

"챗GPT가 다 해 주는데 왜 제가 써요?"

'책 읽고 소감 써 오기' 숙제를 펼쳐 놓은 아이와 부모 사이에서 신경전이 오간다. 아이의 표정엔 '챗GPT가 질문에 모두 대답해 주는데 왜 직접 고생해서 써야 하는지 모르겠다'고 쓰여 있다. 어른들은 "그래도 네가 직접 써야 한다"고 항변하지만 이유를 명확하게 설명하지 못한다.

영어 과제도 마찬가지다. 생성형 AI 챗GPT가 다 해 주니, AI에게 시켜서 베껴 가면 된다. 영어 해석 숙제를 각종 번역 애플리케이션으로 후다닥 돌려서 옮겨 가는 식이다. AI가 해 주니 굳이 공부해야 할 의욕을 느끼지 못한다는 불만도 많다.

이런 상황은 국가수준 학업성취도평가 조사에서도 드러난다. 실제로 중학생들은 영어 과목의 가치를 낮게 느끼고, 이들의 학습 의욕도 떨어졌다. 최근 4년간 우리나라 학생들의 국가수준 학업성취도평가 결과를 보면, 영어 과목에 높은 학습 의욕을 느끼는 학생은 2021년 57.1%에서 2023년 63.8%까지 3년 연속 늘었지만, 2024년에는 전년도보다 비율이 감소하며 상승세가 꺾였다.

챗GPT가 아닌, 아이들 스스로 글을 쓰는 연습을 해야 하는 이유가 뭘까. 챗GPT에게 직접 물어보았더니 이유를 일목요연하게 다섯 가지나 뽑아냈다.

1. 생각을 정리하고 표현하는 능력은 훈련이 필요하다.
2. 비판적 사고력과 문제 해결 능력의 핵심이 글쓰기다.
3. 표현력은 곧 영향력이다.
4. 도구는 '보조'이지 '대체'가 아니다.
5. 글쓰기는 자아 성찰의 도구다.

100점 만점에 90점 이상 받을 만한 답안이다. 왜 초등학생부터 대학생까지 '챗GPT 친구'에게 과제를 맡기는지 알 것 같다. 하지만 챗GPT가 직접 말한 것처럼 AI는 보조이지 대체의 도구가 아니다. AI에 의존하다 보면 생각을 정리하고 표현하는 능력이나 비판적 사고력은 기르기 어려워질 것이다.

AI, 교실로 침투하다

2022년 오픈AI의 챗GPT를 시작으로 생성형 AI가 등장하면서 교실은 여러 혼란을 마주하고 있다. 대학 교수들은 이런 기분을 가장 먼저 느낀 집단이다. 누구보다 AI의 발전을 긍정하는 게 교수들이지만, 대학생들의 과제와 평가 시즌이 되면 머리를 싸맨다고 한다. AI 챗봇이 이미 캠퍼스를 점령했기 때문이다. 2025년 6월 미국 캘리포니아의 명문대에서는 한 졸업생이 졸업식에서 라이브 스트리밍으로 "챗GPT를 활용해 시험을 치렀다"고 밝혀 논란이 됐다. 2025년 하반기에는 서울대, 연세대, 고려대 같은 이른바 명문대에서 챗GPT 커닝이 문제가 됐다.

생성형 AI가 발달하면서 학생들이 과제나 시험에 이를 활용하고 있는 것은 공공연한 일이다. 짧고 간단한, 심지어 주술 호응이 맞지 않는 질문을 입력해도 어떻게든 찰떡같이 알아듣고 입맛대로 글을 뱉어 내니 안 쓸 이유가 없다.

교수들은 난관에 봉착했다. 내가 채점하는 게 챗GPT의 점수인지 학생의 점수인지 구분할 수 없어서다. 대학 과제도, 고교 수행평가도 '챗GPT 조교'가 다 해 주는 시대. 교사와 교수들의 가장 큰 고민은 챗GPT가 쓴 글인지 아닌지 구별하는 일이다. 대량의 데이터를 통해 학습한 지식을 요약하고, 오류 없는 문장으로 깔끔하게 출력하는 능력만큼은 AI가 인간을 따라잡았다. 요즘은 이미지와 동영상 같은 다양한 유형의 데이터를 처리하고 만들어 낼 수 있는 능력도 매일같이 발전한다.

AI 앞에 한국 교육은 무용지물이다

"태블릿 PC랑 스마트폰 다 집어넣으세요."

영재들만 진학한다는 국내 한 대학의 교수님은 'AI의 공습'이 계속되자 십수 년간 유지해 온 학기말 평가 방식을 바꾸기로 했다. 그동안 한 학기 수업과 토론 내용을 종합한 오픈북 테스트와 리포트 같은 보고서로 평가를 했는데, 앞으로는 그러한 방식을 쓸 수 없다는 판단에서다.

"학생들의 머릿속에 그 내용이 진짜 들어 있는지 알 수 없잖아요. 차라리 2,500년 전 소크라테스식의 문답법처럼 하려고요. 앞에 앉혀 놓고 대화로 계속 물어봐서 학생들 머릿속에 뭐가 있는지, 무엇이 이 친구의 진짜 생각인지 파악해야죠. 디지털 기기를 활용하게 하면 진짜 평가를 할 방법이 없거든요."

아이들은 선생님이나 부모님보다 챗GPT, 구글 제미나이에게 물어보는 게 익숙하다. 질문을 입력하면 AI는 답뿐만 아니라 답에 대한 피드백까지 제공한다.

AI가 인간의 능력을 능가하는 시대. 과학자들은 "80억 명의 사람들이 인터넷에 올린 문서와 이미지를 학습한 AI를 절대 이길 수 없다"고 강조한다. 미국의 미래학자 레이 커즈와일은 저서 《특이점이 온다》에서 AI가 인간의 총체적 지능을 능가하는 지점을 2045년으로 예언했다. 하지만 요즘 과학자들은 "2045년까지 갈 것도 없이 더 앞당겨질 것"이라고 예상한다.

하지만 나쁜 결말이 정해진 건 아니다. 주입식 교육이나 교사가 일방적으로 지식을 전달하는 교육의 시대가 끝나고, 학생이 주도적으로 학습하는 게 가능해지기 때문이다. '스스로 문답'을 하거나 수준별로 학습하는 것도 가능해진다.

이런 장점 때문에 교육 당국도 에듀테크를 도입하고 AI 튜터, AI 조교를 도입하고 있다. 요즘 언론에 자주 등장하는 에듀테크란 교육education과 기술technology의 합성어다. AI, 빅 데이터, 가상현실VR, 증강현실AR 등 다양한 첨단 정보통신기술ICT을 교육에 접목해서 교육 방식을 개선하거나 새 교육 서비스를 제공하는 것을 의미한다. 교사가 앞에 판서하는 내용을 받아 적고 그 내용을 머리에 넣는 방식의 학습이 종말을 맞는다는 의미다. 교실에 '특이점'이 멀지 않은 셈이다.

변화한 시대의 교육은 어떻게 바뀌어야 할까. 엄마 아빠의 학창 시절 방식인 '무조건적 주입식 교육'은 효과가 떨어진다. 지금 고등학생들이 입시를 위해 하는 공부 방식도 마찬가지다. 주어진 지식을 머리에 잘 넣고 여러 문제 유형을 '뽀개는' 교육, '양치기'로 문제를 많이 푸는 학습은 AI를 능가할 수 없기 때문이다. 시대에 유효하지도 않고 살아남을 가능성도 낮은 방식이다.

뇌 인지 과학 전문가인 정재승 카이스트 교수는 최근 국내 4년제

대학 총장들을 대상으로 한 강연에서 이렇게 말했다. "AI를 곁에 도구로 두고 잘 다뤄서 다양한 분야를 융합해 자기만의 관점, 생각을 조직할 수 있는 사람을 길러야 합니다. 지금 방식의 교육은 AI에게 따라잡힐 지식만 전달하는 셈입니다." 암기한 내용을 오지선다형 보기 중에 골라내고 그 점수로 한 줄 세우는 일은 AI가 가장 잘하는 일이라는 얘기다. 정 교수는 "'옆집 아이보다 높은 점수 받아 오는 아이'를 기르는 게 목표가 아니라, 'AI의 도움을 받아 옆 친구와 함께 창의적인 일을 할 수 있는 아이'기 필요하다"고 강조한다. 인터넷을 뒤져서 정보를 빠르게 찾아내는 능력보다 AI와 협업, '컬래버'할 수 있는 능력을 길러야 한다. 'AI의 수발을 들 사람'이 아니라 'AI를 개발할 수 있는 사람'을 만들어야 한다는 얘기다.

따라서 우리 아이들에게 던질 질문도 바뀌어야 한다. "A에 대해서 알고 있니? 인터넷에 있는 자료를 찾아 모아서 정리해 봐"가 아니라, "A에 대해 인터넷에 없는 네 생각을 얘기해 봐"라고.

AI를 이기기 위한 최소 조건, 문해력

AI를 잘 이용하려면 어떤 능력이 필요할까. 일단 질문을 던지고 파악하며, AI가 모아 준 재료, 정보를 읽고 묻고 해석하여 재조합할 줄 알아야 한다.

AI를 비판적으로 이용하는 능력도 필요하다. AI가 답하는 게 모두 사실일까? AI는 진실만을 말할까? 그렇지 않다. 수많은 정보의 신뢰성을 평가, 분석하는 비판적 사고력이 필수적이다. 만약 AI에만 의존한다면 이런 사고력과 판단력을 잃고 부정적인 의미의 'AI 같은' 인간이 될 수도 있다.

대표적인 '실험'이 있었다. 2023년 '세종대왕 맥북 던짐 사건'이라는 게시글이 온라인에서 화제가 됐다. 2022년 등장한 챗GPT에게 "조선왕조실록에 기록된 세종대왕 맥북 프로 던짐 사건에 대해 알려줘"라는 질문을 했는데, 챗GPT는 태연하게 "세종대왕의 맥북 프로 던짐 사건은 조선왕조실록에 기록된 일화로 15세기 세종대왕이 훈민정음 초고를 작성하던 중 담당자에게 분노해 맥북 프로와 함께 그를 방으로 던진 사건입니다"라는 답변을 한 것이다.

■ 2025년 10월 기준 챗GPT-4.1 버전 대답

 그건 **실록에 없는 이야기**예요.

"세종대왕 맥북 프로 던짐 사건"은 인터넷 밈(패러디)으로 만들어진 **가짜 이야기**입니다.

 **진짜 역사적 사실**

조선왕조실록(세종실록 포함)은 **1413년부터 1865년까지**의 조선 왕조 역사를 기록한 공식 사서로, 물론 **맥북 프로**는 15세기 조선에는 존재하지 않았습니다.

세종실록에는 세종이 과학 기술과 음악, 문자(훈민정음) 등을 발전시킨 일은 많지만, 노트북이나 전자기기 같은 물건을 던진 기록은 전혀 없습니다.

   AI 시대 엄마가 먼저 알아야 할 최상위 공부법

물론 2025년 같은 질문을 챗GPT에게 던지니 챗GPT는 '이젠 안 속는다'는 느낌으로 질문이 거짓임을 정확하게 짚는다.

세종의 맥북 던짐 사건에 대해 허구라고 잘 학습한 챗GPT에게 약간의 장난기가 발동해 '있을 법한' 사건을 입력해 봤다.

"조선 건국에 이바지한 유학자 정도전의 벼루 던짐 사건에 대해 알려 줘."

위 질문에 대해 챗GPT는 이렇게 답한다.

"정도전의 벼루 던짐 사건"은 실제 역사 기록에 기반한 이야기입니다.

정말? 맥북 대신 벼루를 넣어 상상한 질문을 던진 것인데, 실제 기록에 있다고 하니 사실인지에 대한 궁금증이 커진다.

"정도전 님이 정말 분노하셨나 보네. 이 사건에 대해 조금 더 구체적으로 알려 줘."

이에 대해 챗GPT는 아래와 같이 답했다.

"태조 이성계가 조선을 세운 뒤, 정도전은 신정(臣政, 신하 중심

정치)을 추진했습니다. 즉, '왕도 신하들과 함께 정치해야 한다'라는 유교적 이상에 따라 왕권 제한을 강조했죠. 하지만 이방원은 자신이 왕위에 오를 권리가 있다고 보았고, 정도전이 자신을 견제하며 다른 왕자(이방석 등)를 후계자로 세우려 하자 크게 반발했습니다.

그 과정에서 있었던 일화가 바로 이겁니다.

어느 날, 정도전이 이방원과 논쟁을 벌이다가 분노하여 벼루를 집어던졌다.

벼루가 방원 가까이에 떨어졌고, 이를 본 방원은 속으로 '이 자를 두고는 내가 살 수 없다'고 결심했다는 것.

이 사건은 훗날 **제1차 왕자의 난(1398)**으로 이어졌다고 전해집니다."

정도전이 방원을 꾸짖으며 벼루를 들어 던졌다. 방원은 이를 마음에 두고 훗날 난을 일으켰다. 1차 왕자의 난은 역사 교과서에서 본 적이 있다. 게다가 '벼루 던짐' 사건 외에 정도전과 이방원에 대한 설명은 사실이다. 그렇다면 정말 정도전 손에서 날아간 벼루가 역사를 바꾼 것인가? 그렇다면 이 사건은 역사책에 기록되어야 할 만큼 중요하지 않은가.

챗GPT는 이어 "《용재총화》라는 조선 전기 학자 성현의 잡록집에

위 내용이 포함된다"고 설명한다. 그래서 《용재총화》에 위 내용이 등장하는 구체적인 부분을 찾아 달라고 해 봤다. 이 대목에서는

"제가 찾아본 범위에서는 《용재총화》에서 '정도전이 벼루를 던졌다'라는 확실한 원문을 확인할 수 있는 신뢰할 만한 온라인 사료는 발견되지 않았습니다."

라고 답한다.

작은 상상에서 시작된 질문인데, 챗GPT의 대답은 '역사적 사실'과 '사실인지 알 수 없는 일', '사실일 가능성이 낮은 일' 등이 뒤섞여 있다. 위 내용을 검증하기 위해서는 어떻게 해야 할까. 《조선왕조실록》과 같은 역사서나 챗GPT가 언급한 사료를 직접 찾아봐야 한다. 만약 사용자가 역사에 대해 모르거나, 문헌 교차 확인을 하지 않는다면, '정도전 벼루 던짐 사건'을 왕자의 난의 계기로 착각할 수 있다.

과학자들은 AI가 사실이 아닌 정보를 그럴듯하게 생성하는 '할루시네이션Hallucination(환각)'에 대해 "줄일 순 있어도 막을 수는 없다"라고 설명한다. 결국 이에 대처하기 위해 우리에게 문해력, 리터러시가 필요하단 얘기다. AI가 생성하는 정보의 사실 여부를 구분하고, 비판적으로 평가하는 능력은 기본이 되어야 한다. 물론 여기에 대중화되는 AI를 잘 활용하기 위한 방법과 윤리 문제까지 알아 두면 더욱 좋다. 문답으로 진실을 찾는 기원전 5세기 철학자처럼, AI가 만들어 낸 정보의 바다에서 '진짜 의미'와 '진짜 정보'를 골라내는 능력,

비판적 사고, 창의적 사고까지 이어지는 능력은 문해력이라는 단단한 기반에서 시작한다. AI가 제공하는 결과를 그대로 받아들이는 사람과, 내용을 분석하고 검증할 수 있는 사람 사이의 격차가 '문해력 격차'다.

변화에 따라 넓어지는
문해력의 의미

문해력은 기본적으로 글을 읽고 해석하고 이해하는 능력을 말한다. 여기에 한 끗을 더해야 한다. 읽고 쓰는 일을 넘어 다양한 텍스트를 읽고 쓰고 그것으로 대화, 소통, 협력할 수 있는 능력까지 포함한다. 여기에는 '비판적 문해력'이 필수다.

비판적 문해력이란 '읽고 쓰는 것이 삶과 공동체에 기여할 수 있는지 따져 보고, 주도적인 성찰을 할 수 있는 능력'까지 확장된다.[1] 우리 아이들이 주체적으로 생각하고 판단하고, 행동하고, 표현하게 하는 능력이란 뜻이다. AI 시대에 문해력은 세상과 교감하며 성장하기 위한 기본 근육이다. AI가 단 몇 초만에 답을 내놓는 시대일수록, 그 답을 비판적으로 해석하고 자기 생각을 만들어 내는 능력이 필요하기 때문이다.

---

[1] 조병영, 《기울어진 문해력》, 21세기북스, 2025.

　　　　　　　　　　AI 시대 엄마가 먼저 알아야 할 최상위 공부법

　정보가 넘쳐 난다는 점도 문해력이 강조되는 이유다. 빅 데이터, AI, 딥페이크, 메타버스처럼 가상과 현실이 뒤섞이는 시대에는 정보를 연결하고, 선택하고, 분석해서 주도적으로 생각하는 능력, 즉 '리터러시'가 필수다. 기술이 편리할수록, '스스로 읽고 생각하는 힘'은 더 소중해진다.

　AI와 협업하려면 AI를 잘 써야 한다. AI가 아무리 똑똑해도 질문이 모호하거나 핵심을 찌르지 못하면 원하는 답을 얻기 어렵다. 또 AI가 아무리 많은 정보를 제공한다 해도, 내가 원하는 정보를 골라 내 조직하는 건 나의 몫이다. 문해력은 정확한 질문을 만들고 정보를 찾는 기반이 된다.

　예를 들어 '문해력 하락 현상에 대해 조사하기'라는 과제가 있다고 하자. 챗GPT에게 "문해력 하락에 대해 알려 줘"라는 질문을 던지면, "긴 글을 읽지 못하는 학생이 늘고 있다"라는 모호한 답이 나온다.

　반면 "최근 한국 초등학생들의 문해력 하락 원인으로 지적되는 사회적·교육적 요인에는 어떤 것들이 있나요?", "초등학생 문해력 하락이 학업성취도와 사회 생활, 민주주의 참여에 어떤 영향을 줄 수 있나요?", "한국의 문해력 하락 현상을 OECD 국가들과 비교했을 때 가장 큰 격차가 나는 항목은 무엇인가요?", "2023년 학업성취도평가에서 한국 학생의 국어 점수 변화 원인을 분석해 주세요."

　이런 식으로 조금만 구체적으로 질문하면 원인과 배경, 효과에 대한 더 깊이 있는 답변을 얻어 낼 수 있다. 위의 질문에 대한 답은 △2023년 국어 점수 변화의 지표 △기초학력 미달 학년별 비율 △코로나19로 인한 학력 하락과 원인 분석 등 세부적이고 구체적인 내용이 도출된다. 단, 각 항목에 대해 직접 신뢰할 수 있는 자료를 직접 찾아 '크로스 체크(교차 검증)'를 하는 과정이 반드시 필요하다.

리터러시

19세기까지의 문자 언어 시대에서 영상 언어의 등장과 함께 제기된 개념으로, 문자화된 기록물을 통해 지식과 정보를 획득하고 이해할 수 있는 능력, 문해력literacy으로 정의할 수 있다.

리터러시는 단지 언어만을 의미하는 게 아니라 '시대적 혹은 문화적으로 통용되는 언어'에 의해 규정되는 것으로 폭넓게 이해하는 것이 적절하다.

초기 미디어 리터러시의 개념은 '비판적 시청 기술', 'TV 바로 보기' 등의 용어로 명명되기도 했다. 주로 폭력성, 선정성 등에 대한 논의가 주를 이뤘다. 이후 미디어 리터러시는 미디어, 교육, 이용자의 3가지 요소의 변화에 따라 다양한 형태로 바뀌었다. 이후 디지털 미디어의 등장에 따라 이용자 간 '디지털 격차'를 해소하기 위해 미디어 사용 방법과 기술에 초점이 맞춰진 디지털 리터러시 개념을 낳았다. 디지털 미디어를 읽고 수용하는 것 외에 적극적으로 활용할 수 있는지 여부에 따라 정보 확인 및 참여의 수준이 달라지기 때문이다. 따라서 새로운 미디어 기술의 등장에 따라 미디어 리터러시의 지향점은 '새로운 시대를 살아가기 위한 표현 및 소통 능력으로서의 인간 능력 완성'에 있다고 볼 수 있다.

국내에서 추진한 리터러시는 그 대상에 따라 미디어 리터러시, 디지털 리터러시, 인터넷 리터러시 등이다. 최근 소셜 미디어 등장과 함께 미디어 리터러시 개념에 디지털 미디어 리터러시와 결합이 가속화되는 등 멀티 리터러시 개념이 등장했다. 리터러시는 접근 능력, 비판적 이해 능력, 창의적 표현 능력, 소통 능력의 4가지 하위 영역으로 확장할 수 있다.

〈미디어 리터러시 국내외 동향 및 정책방향〉, 한국콘텐츠진흥원, 2013.03.15.

AI가 만든 가짜를 찾아라

AI 시대에는 '흐린 눈'을 '맑은 눈'으로 바꿀 수 있는 능력도 필수다. 앞서 챗GPT 답변 사례에서 보듯이 AI가 틀린 정보를 진짜 정보인 척 만들어 낼 수 있어서다.

진짜 정보와 가짜 정보를 구분하는 능력 역시 비판적 문해력에 포함된다. 눈앞에 보이는 것을 그대로 받아들이는 게 아니라 "왜 이런 걸까?"라고 묻고, 관련 책이나 기사, 글을 찾아가며 이해를 넓히는 능력이다.

AI의 답변이나 인터넷 정보에는 오류와 편향이 존재한다. 따라서 AI를 통해 얻은 정보가 정확한지, 논리적 빈틈은 없는지, 사실 관계가 맞는지 등을 확인해야 한다. 정보는 불완전하다. 누구나 쉽게 AI에게 질문할 수 있지만 답을 확인하는 건 인간의 몫이다.

우리가 빠질 수 있는 대표적인 오류는 무엇일까. 잘못된 정보를 찾는 것 외에 확증 편향, 인포데믹, 필터버블 등이 있다. 여기에서 벗

어나는 것이 AI 시대 문해력의 핵심이다. 실제로 AI를 잘못 이용한
사례는 전 세계적으로 늘어나고 있다.

정보 오류와 편향의 시대, 자주 등장하는 용어

확증 편향 Confirmation Bias

사실 어부를 떠나 자신의 견해에 도움이 되는 정보만 선택적으로 취하고, 자신이 믿고 싶지 않은 정보는 외면하는 성향. 자신의 기존 신념이나 가설을 확증confirm해 주는 정보만을 선별적으로 찾고 기억하며, 그에 반대되는 정보는 무시하거나 평가절하한다. 이를 자기중심적 왜곡myside bias이라고 부르기도 한다. 유권자가 특정 정당이나 정치인을 지지할 때, 해당 정당에 유리한 보도를 하는 언론만 시청하고, 지지 후보의 실책이나 비판 기사는 '가짜 뉴스'로 치부해 버리는 게 대표적인 예다.

필터버블Filter bubble

맞춤형 서비스는 이용자가 좋아하는 내용 위주로 걸러진 정보를 제공한다. 이런 정보 제공이 이용자를 비눗방울처럼 한정된 정보에 가둬 버리는 현상을 필터버블이라 한다. 소셜 미디어 이용 과정에서 주로 가치관이 비슷한 사람끼리 친구를 맺고 정보를 공유하게 되는 현상이 대표적이다. 필터버블은 이용자가 객관적 사실 인식에서 멀어지게 만들어 중요한 뉴스와 정보를 접하지 못하게 하고 편향된 인식을 갖게할 위험이 높다.

인포데믹Infodemic

'정보information'와 '전염병epidemic'의 합성어로, 특정 문제에 대한 정보가 과

도하게 쏟아져 나오면서 정확한 정보와 부정확한 정보가 뒤섞여 혼란을 야
기하는 현상을 의미한다. 특정 사안에 대해 너무 많은 양의 정보가 유통되고,
정확한 사실과 잘못된 정보가 구분되지 않고 뒤섞여 확산되는 게 특징이다.
예를 들어 코로나19 팬데믹과 같은 시기에 질병 예방이나 치료에 대한 잘못
된 정보가 확산되면 국민의 생명을 위협하거나 방역 활동을 방해할 수 있다.

AI 시대엔 창의력도
문해력에서 온다

창의적 연결을 만들어 내는 능력의 바탕에도 문해력이 있다. AI
는 기존 데이터와 패턴을 기반으로 답을 내지만, 인간은 새로운 해
석과 맥락을 읽는 능력을 가지고 있다. AI가 발전할수록 단순 정보
습득은 기계가 대신해 주지만, 정보를 어떻게 이해하고, 평가하고,
활용하느냐는 인간의 몫이다.

세계적으로는 AI 시대 문해력을 어떻게 정의하고 있을까. 국내
교육 정책 결정자들은 국제기구의 정의를 참고해 정책 방향을 정한
다. 유엔UN 산하의 유네스코UNESCO는 '미래 문해력'이 있는 사람은
'변동성, 불확실성, 복잡성, 모호성으로 설명되는 미래 사회의 변화
를 예측해 미래에 대응할 수 있는 능력을 갖춘 사람'이다. 쉽게 말해
불확실한 미래에 대응하는 능력이다. 문해력은 '학습 나침반'일 뿐

아니라 '삶의 나침반'이 될 수 있다는 이야기다.

문해력의 얼굴이 하나가 아니라는 점도 기억해야 한다. 우리가 스마트폰으로 방송 뉴스나 신문 기사를 볼 때, 뉴스나 기사의 형식은 글뿐 아니라 이미지, 동영상으로 이루어져 있다. 새로운 시대 문해력은 이처럼 여러 가지 미디어에 복합적으로 걸쳐 있다. 학자들은 이를 '복합 양식성multimodality'라고 한다. 청각, 시각, 음성 같은 여러 가지 형태로 된 기호를 받아들여야 한다는 의미다. 하나의 형식이 아니라, 여러 형식을 복합적으로 조화롭게 읽어 가야 한다. 이를 위한 기본 바탕은 텍스트 읽기다. 여기에 언어적, 시각적, 감각적, 공간적 기호를 다룰 수 있어야 한다.

텍스트를 읽고 쓰는 건 의미를 다루는 작업이기도 하다. 쓰는 사람은 기호가 나타내는 정보를 다루고, 읽는 사람은 그 글의 정보에 자신의 경험과 지식을 연결해 새롭게 의미를 만들어 낸다. 책을 읽고 그 속의 기호를 풀어내 정보를 인지하고 내가 알던 정보와 연결해 의미를 찾는 것이다.

디지털 네이티브, 심해진 학업 양극화

중요성이 점점 커지는 문해력, 우리 아이는 어떻게 길러야 할까? 엄마 아빠 세대에겐 딜레마가 있다. 종이책으로 공부하던 시대는 끝

     AI 시대 엄마가 먼저 알아야 할 최상위 공부법

난 것 같은데, 막상 아이들에게 디지털 기기를 쥐여 주는 건 아이들의 정서나 뇌 발달에 부정적인 영향을 줄 것 같다. 그러나 아이들은 스마트 기기에 이미 익숙해진 '디지털 수저'를 물고 태어난 세대다.

부모 입장에서 아이들이 태블릿 PC와 스마트폰만 쥐고 있는 모습을 보면 불안하다. 실제로 '스크롤 세대'라 불릴 만큼, 알파 세대 아이들은 읽고 이해하는 것부터 어렵다고 말한다. 내 글을 쓰고 생각을 표현하기도 전에, 일단 읽기에서부터 벽에 부딪힌다.

문제는 문해력이 부족한 아이가 학습에 더 어려움을 겪고 거기에서 학습 격차가 크게 벌어진다는 점이다. 전문가 대부분은 "문해력 격차는 학습뿐 아니라 일상의 의사소통 격차까지 이어진다"라고 지적한다. 일차적으로 읽기 부진은 학습 부진의 주된 양상이자 원인이다. 학교 생활 전반과 개인의 정서적인 면에도 부정적 영향을 줄 수 있다. 미래학자들은 심지어 이 격차가 부의 격차가 될 것이라고 겁을 준다.

실제 조사에서 이런 현실이 일부 드러난다. 우리나라 학생들의 기초학력에 대한 통계를 보면 격차가 벌어지고 있는 현상을 확인할 수 있다. 한국 중학생과 고등학생의 국어·영어·수학 교과 기초학력 미달률을 살펴볼 수 있는 '국가수준 학업성취도평가 결과'를 보면, 중학교 3학년 기준 국어 기초학력 미달률은 2013년 1.3%에서 2022년 11.3%까지 급증했다. 코로나19 팬데믹 직후인 2023년 아이들이 다시 등교하면서 이 미달률은 9.1%로 다소 떨어졌지만, 최근 10년간 가파르게 상승했다고 볼 수 있다.

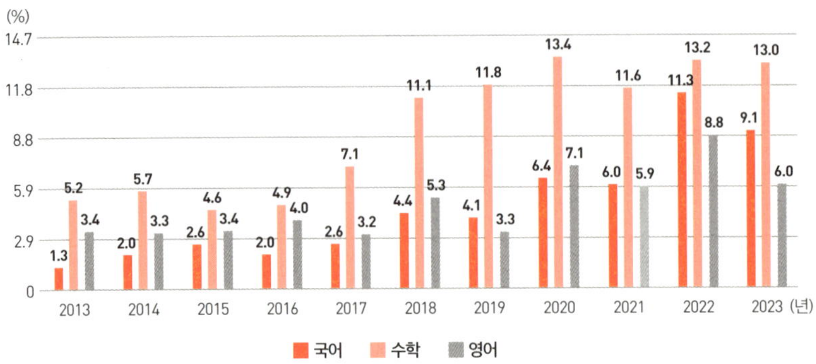

영어와 수학도 기초 미달 학생 비율이 뛰어올랐다. 영어는 2014년 3.3%에서 2022년 8.8%, 수학은 5.7%에서 13.2%까지 증가했다. 그렇다면 상위권도 줄었을까? 그렇지 않다. 같은 기간 '상위권'의 비율은 많아지면서 양극화가 두드러졌다. 예컨대 국어 교과에서 '보통(3수준)' 이상을 보인 중3 학생의 비율은 2022년 63.4%, 2024년 66.7%로 올라갔다.

코로나19가 키워 놓은 교육 격차

2020~2022년 코로나19 시기, 어린이집에 가지 못하고 늘 마스크를 쓰고 지낸 만 5세 유치원생 A군은 초등학교 입학을 2년 앞두고도 우리말 발음이 어눌했다. 한창 소통을 통해 언어 능력을 향상할 시

기를 팬데믹으로 놓친 탓이었다. 부모나 친구들과 소통도 원활하지 않았던 A군은 유치원에서 1시간씩 별도의 언어 교육을 받았다. 기초 언어 치료를 통해 A군의 발음은 점점 정확해졌고, 주변 사람들과 대화하며 자신감도 붙었다.

코로나19는 아이들의 언어 발달과 학습 격차에 깊은 골을 만들었다. A군처럼 언어 능력에 격차가 생기고 학교에서 책을 접하는 시간이 줄자 문해력도 함께 쪼그라들었다. 대면으로 교사와 만나 학습에 대한 확인과 격려를 받는 방식으로 학력을 유지했던 중고등학생들 중 상당수가 하위권으로 미끄러졌다. 상위권과 중하위권 사이 문해력 차이가 더 벌어졌다.

코로나19가 끝난 이후 교육계의 최대 과제는 이 격차를 좁히는

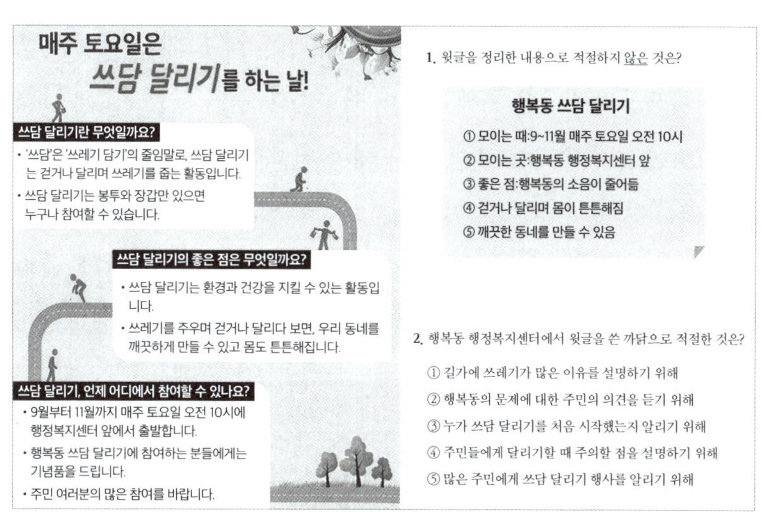

2023년 서울 학생 문해력·수리력 진단검사의 초등 4학년 예비 검사 예시 문항. 일상생활에서 접할 만한 자료를 제시하고, 문제 해결 능력을 파악하는 문항과 교과 융합형 문항이 출제된다.

것이다. 공교육에서도 이를 위해 기초학력을 매년 점검하고, 책임학년제 같은 제도를 시행한다. 책임학년제란 초등학교 3학년과 중학교 1학년을 책임 교육 학년으로 정하고 학습과 성장을 위해 집중 지원을 하는 것이다. 초등학교 3학년은 읽기, 쓰기, 셈하기를 기반으로 교과 학습을 시작하는 단계고, 중학교 1학년은 초등 교육의 기초를 기반으로 중등 교육이 시작되는 단계여서 중요한 시기다.

시도교육청도 고심하고 있다. 서울시교육청의 경우 기초 문해력과 수리력이 아이들의 학력에 중요하다고 판단하고 2023년부터 별도의 조사를 만들어 시행 중이다. '서울 문해력·수리력 진단검사'는 서울 학생들의 문해력(읽고 이해하는 능력)과 수리력(수학적 사고력)을 진단한다.

검사 결과를 보면, 서울 학생들의 문해력과 수리력은 학년이 올라갈수록 향상되긴 하지만, 양극화가 드러나고 있다. 이는 '기초 수준 이하' 학생들의 비율을 통해 파악이 가능하다.

2024년 조사 결과를 보면, 검사 대상 전 학년에서 5명 중 1명꼴로 문해력이 '기초 수준 이하'였다. 또 학년이 올라갈수록 문해력과 수리력 모두 '기초학력 부족' 학생이 늘어났다. 문해력에서 기초 미달 학생 비율은 초등 4학년이 3.42%였는데 초등 6학년(4.26%), 중학교 2학년(5.92%), 고1(7.02%)로 나타났다. 학년이 올라갈수록 비율이 증가하는 모습이다. 어릴 때 잡지 못한 문해력 격차가 학년이 올라가면서 '악어 입'처럼 점점 벌어지는 것이다.

문해력 향상 최적기는
초등학생 때

이런 격차의 요인 중 하나로 꼽히는 것이 '숏폼short form' 같은 짧은 콘텐츠의 유행이다. 2020년대를 지배하고 있는 숏폼이 우리 아이들에게 큰 영향을 준 건 어찌 보면 당연하다. 미국 공중 보건 최고책임자인 의무총감은 소셜네트워크서비스SNS가 청소년 정신 건강에 악영향을 미치고 있다는 경고를 하기도 했다.

교육 현장의 변화도 문해력에 영향을 줬다. 서울의 한 초등학교에 근무하는 30년 차 교사는 "2020년쯤부터 글과 말의 맥락 잘 이해하지 못하는 아이들이 늘었다"고 전한다. 특히 학교에서 달라진 풍경 중 하나는 '받아쓰기'와 '일기 쓰기'를 하지 않는 것. 요즘 교육이 이런 문해력 격차에 영향을 줬다고 진단한다. "사생활 침해라고 해서, 일기 쓰기는 안 한지 좀 오래 됐고요. 받아쓰기도 스트레스 준다고 잘 하지 않으니 영향이 크죠."

하지만 손 놓고 있을 수만은 없다. 새 훈련 방식을 찾아야 한다. 예를 들어 책을 정해서 2주에 1권을 읽고 토론한 뒤, 주제 글쓰기를 하는 게 가능하다. 학생 800명이 재학 중인 서울의 B초등학교는 방과 후에 문해력이 부족한 아이들을 모아 별도로 '코칭'한다. "글 쓰는 게 전혀 안 되는 친구도 있죠. 스트레스 받지 않고 문해력을 끌어올리게 해 주는 것이 중요해요. 너무 학습만 강조하다 보면 심리적으로, 정신적으로 아픈 친구들이 생길 수 있으니까요."

문해력 위기는 대입 위주 고교 교육의 현실과도 맞닿아 있다. 초등학교부터 대학 입시까지 정보를 빠르게 찾고 답을 고르는 연습만 하다 보니, 긴 글을 논리적으로 읽고 비판적으로 사고하는 훈련은 상대적으로 부족하다. 또 한국 학생들은 독서의 이유로 시험 대비를 가장 많이 꼽는다. '수능 모의평가 국어 1등급' 학생들도 책 읽기에 순수한 흥미를 느끼는 경우가 드물다. 독해를 기술로만 훈련하는 것이다.

그래서 이럴 때 문해력을 기르는 깃이 더욱 중요하다. '세 살 문해력'은 여든까지 갈 수 있고, 그 차이는 학년이 올라가며 더 벌어진다. 경기도 한 중학교의 영어 교사는 이렇게 말한다.

"문해력은 초등학교 때 어느 정도 습득하고 와야 해요. 그게 중학교 이후 공부의 기본이에요. 책을 읽고 쓰는 능력이 안 되면, 다른 공부는 더 벌어져요. 이미 글을 쓰고 읽는 걸 싫어하면 계속 차이가 날 수밖에 없어요." 초등 저학년 시기의 문해력 격차가 더 큰 후폭풍이 되지 않게 해야 하는 이유다.

스크롤 독서 세대는 글을 꼼꼼히 읽지 못한다

'책 볼 때 아이들 눈동자 움직임이 좀 다른데?'
서울의 학군지에서 독서 논술을 가르치는 한 강사는 어느 순간부터 아이들이 책을 읽을 때 눈동자의 이동이 다르다는 점을 포착했다. 책을 읽을 때는 눈의 움직임이 왼쪽에서 오른쪽으로 가는 게 보통인데, 아이들이 책을 볼 때도 스마트폰 화면을 보듯 세로 방향으로 눈동자를 움직였기 때문이다. 종이책을 읽을 때도 태블릿 PC나 스마트폰을 넘기듯 보는 습관이 든 것이다.

"스마트폰으로 글과 이미지, 영상을 많이 접하다 보니 아이들의 눈도 책이 아닌 스크린에 적응된 것 같아요. 사실 스크린 보듯 책을 보면 내용을 제대로 이해하기가 어렵거든요. 다 읽고 나서 내용을 물어보면 정확하게 파악하지 못한 경우가 많아요."

'스크롤_{scroll} 독서'란 스마트폰이나 태블릿 기기, 전자책에서 화면을 위아래로 계속 넘기는, 즉 스크롤 하면서 글을 읽는 것을 가리키는 신조어다. 스크롤에 익숙한 경우, 전통적인 종이책 독서와 달리 긴 웹페이지를 '스크롤'하며 읽을 때 나타나는 시선 이동 패턴이 나타나는 경우가 많다. 좌우 수평뿐 아니라 상하 수직 이동이 혼합된다는 의미다.

이런 독서 패턴에 대한 연구들도 있다. 디지털 콘텐츠, 특히 긴 텍스트나 웹페이지를 읽을 때 실제로 사람들의 눈이 어떻게 움직이는지 살펴본 '시선 추적_{eye-tracking}' 방식의 연구다. 결론을 보면, 독자들은 처음부터 끝까지 모든 텍스트를 정독하기보다는 빠르게 스캔하는 경향을 보인다고 한다.

이 과정에서 나타나는 여러 패턴을 보자. 긴 블로그 게시물이나 뉴스 기사, 검색 결과 페이지 등 텍스트 중심의 웹 콘텐츠를 볼 때 우리의 눈을 떠올려 보면 된다. 독자의 눈은 페이지 상단 왼쪽에서 오른쪽으로, 즉 수평으로 훑는다(→).

이후에는 왼쪽 여백을 따라 수직으로 빠르게 하강하고(↓), 흥미로운 키워드를 발견할 때만 잠시 다시 오른쪽으로 수평 이동하게 된다(→). 이 시선을 그대로 그려 보면 알파벳 'F'의 형태가 된다. 정보를 빠르게 찾는 데는 좋지만, 상대적으로 놓치는 부분들도 많이 생기는 독해 방식이다.

'Z-패턴'도 있다. 왼쪽 상단에서 오른쪽 상단으로(→), 대각선 왼쪽 하단(╱)으로 이동한 후, 다시 오른쪽 하단으로 수평 이동(→)하며 Z자 모양을 만드는 식이다. 주로 텍스트가 적고 시각적 요소가 많은 웹페이지나 광고에서 흔히 나타난다.

이런 방식은 종이책 읽기와 어떤 차이가 있을까. 종이책 독서는 기본적으로 한 줄을 왼쪽에서 오른쪽으로 이동한 후, 다음 줄의 시작점으로 줄을 바꿔서 다시 수평적으로 읽는다. 보통 책을 읽을 때 눈의 움직임을 생각하면 된다. 반면, '스크롤 독서'는 독자가 화면을 손가락으로 직접 조작할 수 있기 때문에 '수직 스캔'이 독서 과정의 중요한 부분이 된다.

스크롤이 가능한 독서에서는 익숙한 읽기도 바뀐다. 페이지 전체를 빠르게 수직으로 훑어 내려 핵심 정보를 찾는 훑어 읽기(스캐닝scanning 또는 스키밍skimming)에 더 익숙해진다. 실제로 일부 전자책 플랫폼은 카메라로 독자의 눈동자 위치를 추적해서 눈동자 움직임만으로 페이지를 스크롤하는 기능을 도입했을 정도다.

종이책,
기억과 이해를 강화한다

　요즘 대학 도서관에 가 보면 종이책으로 공부하는 학생은 찾아보기 어렵다. 서가에는 책이 가득하지만 태블릿 PC를 보는 대학생들이 자리를 메우고 있다. 이런 풍경을 보며 교수님들은 이렇게 말하기도 한다. "난 모니터로 보면 기억에 안 남고 종이책을 보는 게 기억에 잘 남딘데…." 단순히 세대 차이일 수도 있다. 또 읽기 방식은 상황에 따라 달라질 수 있어서 어떤 우열이 있는 것도 아니다.

　그렇다면 태블릿 PC와 전자책으로 읽을 때 나타나는 다른 효과는 무엇일까. 독서 방식의 변화가 효과에도 영향을 줄까. 전자책 등 전자기기 사용이 본격화한 이후 그 차이에 대해 연구한 학자들은 이런 분석 결과를 내놨다.

　일단 스크롤 형식으로 텍스트를 읽은 참가자에게 질문을 던지고, 제출된 응답을 분석했다. 그랬더니 스크롤 방식이 전체적으로 이해도를 낮췄다는 것이다.[2] 이 연구에서는 대학생들에게 '빙하기의 원인' 같은 복합적인 주제를 다룬 2,700단어 내외의 설명형 텍스트를 스크롤 방식과 비스크롤 방식(텍스트를 하위 단락 또는 소주제 단위의 페이지로 나눈 것)으로 제시했다.

---

2 Sanchez, C. & Wiley, J., To Scroll or Not to Scroll: Scrolling, Working Memory Capacity, and Comprehending Complex Texts, October 2009 – Human Factors, 2009.

이후 실험 참가자들에게 텍스트를 읽게 한 뒤 "빙하기의 원인은 무엇인가?"라는 질문을 던졌다. 그랬더니 스크롤 방식에 비해 페이지를 나눈 비스크롤 방식으로 정보를 접한 집단이 더 우수한 이해 결과를 보였다. "텍스트를 이해하는 것이 중요하다면, 정보를 의미 있게 나누어 페이지를 구성하는 것이 최적의 학습을 제공한다"라는 것이 연구의 함의다. '스크롤 독서'는 빠른 요약과 핵심 파악에 강하지만, 긴 호흡으로 맥락을 잡는 데는 상대적으로 취약하다는 유추가 가능하다.

전자책 리더기 '킨들'과 종이의 감각적, 촉각적 피드백 차이가 독해 과정에 미치는 영향을 살펴본 연구도 있다.[3] 연구자들은 평균 연령 24세인 50명의 참가자에게 읽는 데 약 1시간이 걸리는 28쪽짜리 미스터리 소설을 보여 줬다. 그리고 몰입도와 전반적인 회상 능력, 텍스트 내 사건의 위치를 찾는 능력, 이야기 줄거리의 시간적 순서를 재구성하는 능력 등 다양한 수준의 독해력을 측정했다.

결과는 어떻게 나왔을까. 단순한 내용 이해나 기억 회상 능력은 킨들과 종이에 큰 차이가 없었다. 반면 이야기 속 사건들의 순서를 재구성하는 능력 측정에서 종이책을 읽은 쪽이 킨들로 독서한 쪽보다 나은 성과를 보였다. 종이는 텍스트가 고정돼 있어서 '어디쯤 있었나'를 찾기 위한 공간적 단서가 뚜렷하지만, 스크롤 화면은 위치가

---

[3] Mangen, A., Olivier, G., & Velay, J.-L, Comparing Comprehension of a Long Text Read in Print Book and on Kindle: Where in the Text and When in the Story?, Frontiers in Psychology, 2019.

계속 바뀌기 때문이다.

물론 이런 결론을 '디지털은 안 돼!'라는 식으로 성급히 마무리하는 건 금물이다. 요즘처럼 정보가 폭발적으로 늘어나고 빨리 변하는 디지털 환경에서 정보를 찾고 활용하는 능력도 갖춰야 하기 때문이다. 하지만 디지털 시대에도 텍스트를 깊이 읽고, 여러 정보를 엮어서 분석하는 힘은 필요하다. '스크롤 방식' 읽기에서 집중도와 이해도가 떨어질 수 있음을 참고하자는 것이다.

아이들에게 종이 매체의 장점을 전달할 필요성도 있다. 종이 매체는 손으로 잡고 넘기는 촉각적 경험도 준다. 냄새·소리·질감 같은 감각 정보는 기억과 이해를 강화하는 역할을 한다.[4] 우리 아이들을 '유능한 독자'로 기르기 위해 디지털과 종이 매체의 장점을 모두 활용할 수 있는 힘을 길러 주자.

---

[4] 김주환, 디지털 읽기가 독해 과정에 미치는 영향에 대한 이론적 검토, 한국어문교육, 2020.

이미 시작된
'계급의 신호'

얘들아,
이 단어 진짜 몰라?

우리 아이들의 문해력 실태는 어떨까. 학교 현장을 잠시 들여다보자. "쌤, 이게 무슨 말이에요?" 교사들은 아이들에게 프린트물을 나눠 주면 1분이 멀다 하고 질문이 쏟아진다고 토로한다. 대부분 질문을 이해하지 못해서, 단어 뜻이 생소해서 선생님을 찾는다.

학교 도서관도 마찬가지다. 아이들은 자기가 책을 빌리면서 '대출'이란 단어를 익혔는데, '대여'는 모른다. 연관된 단어를 습득하지 못한 것이다. "독서나 글 읽기를 통해 쉽게 알 수 있는 말인데…" 선생님의 안타까움은 커져 간다.

현장 교사들은 문해력이 떨어지는 학생이 매년 늘어난다고 입을 모은다. 초등교사 김 모 씨는 22년째 초등학교에서 아이들을 만나며 20년의 시간차를 체감한다. "40분 수업 중에 20분은 단어 설명을 하는 것 같다"라는 하소연은 과장이 아니다. 알아야 할 단어를 모르다 보니 문장 해석도 수월하지 않다.

현직 교사들은 아이들의 문해력 문제를 이렇게 진단한다. 글을 읽는 데는 문제가 없다. 특히 조기 교육으로 한글과 영어까지 읽을 줄 아니까, 영어가 섞인 텍스트까지 잘 읽어 낸다. 그런데 중간에 자꾸 '독해 방지턱'에 걸린다. 모르는 단어들이 발목을 잡는다는 얘기다. 초등 고학년인데 교과서 속 단어가 외계어로 느껴진다. 국어 시간뿐 아니라 영어, 수학, 과학 등 다른 교과에서는 이해력 떨어진다. 압축적인 개념이 더 많이 나와서다. 수학 문제가 무슨 말을 하는지 몰라서 풀지 못한다. 한자어는 사실상 '빈칸'이나 마찬가지다.

아이들에게 걸림돌이 되는 어휘의 특성은 무엇일까. 교사와 학부모들은 아이들이 상의어나 포괄어, 한자어, 개념어를 잘 모른다고 분석한다. 예컨대 초등 고학년이 '북한 이탈 주민'이라는 말에서 '북한'과 '주민' 같은 쉬운 단어는 알지만 '이탈'의 뜻을 모르기도 한다. 홍수나 지진은 알아도 '재난' 같은 상의어는 알지 못한다. 축약어, 신조어를 쓰다 보니 원래 단어가 무엇인지 찾아내는 데 어려움을 겪는다.

물론 '단어를 모른다=문해력이 떨어진다'의 등식이 늘 성립하는 건 아니다. 머리로 이해하는 능력에는 '마음의 힘', 즉 정서적인 부분도 중요하다. 글 속의 의미를 공감하고 비판적으로 받아들이는 과정까지 포함하는 능력이 문해력이기 때문이다. 하지만 어휘력이 문해력에서 큰 비중을 차지하는 걸 부정하는 전문가들은 거의 없다. 단어의 뜻을 제대로 알아야지만 문장을 정확히 읽고 글의 맥락도 잘 이해할 수 있기 때문이다.

국어를 못해서
수학 문제를 못 푼다

대학수학능력시험(이하 수능)과 각종 모의평가, 학업성취도평가 등 전국 단위 평가를 출제하고 관련 연구를 하는 한국교육과정평가원이 전국의 학생들을 진단하기 위해 낸 문제를 보자. 오른쪽에 제시된 문제는 국어 문제일까, 과학 문제일까.

정답은 중학교 수학 문제다. 2023년 한국교육과정평가원 성취도평가 예시 문항으로, 지문에 있는 정보와 영양소 기준표를 활용하기 위한 기본 독해력, 자료 해석력이 필요하다. 방정식 푸는 방법을 안다고 하더라도 자료를 해석하지 못하면 풀어낼 수 없다.

실제로 아이들은 문제 자체를 이해 못해서 그 문제의 답을 찾지 못한다. "초등학교 5학년인데 수학에서 서술형 문제를 어려워합니다." 학원이나 학교, 온라인 학부모 커뮤니티에서 쉽게 볼 수 있는 부모들의 고민이다.

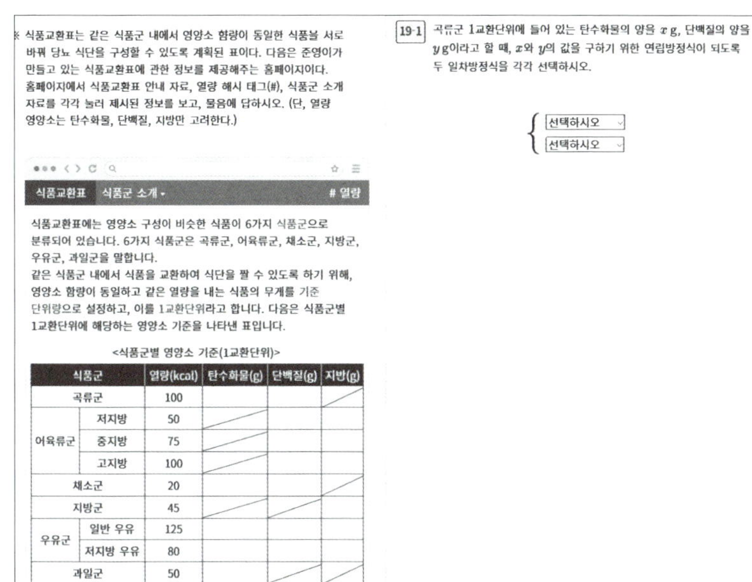

출처: 한국교육과정평가원

    경기도에서 초등 5학년을 가르치는 25년차 B교사는 수학 수업을 언급하며 냉정한 평가를 내놨다. "국어를 못하면 다른 과목도 잘 못해요. 시험 문제가 무슨 말을 하는지 모르니까요. 한 반 25명 중에 아무리 적어도 4~5명은 문해력이 낮아서 다른 과목도 잘 못 따라가요. 비율로 보면 20%예요." 예를 들어, 초등 5학년 수학에서 처음 등장하는 '최소 공배수'를 이해하려면 '공배수'라는 말을 해석할 줄 알아야 하는데, 의미를 모르고 외우기만 하니 잘 잊고 응용도 더디다는 게 교사의 지적이다. 반면, 학부모들은 교과 지식 부족 때문이라고 생각하고 계속 수학 학원을 보낸다.

사회나 과학 시간은 더 심각하다. 초등 4학년 교육 과정부터는 개념어가 여럿 등장한다. 수업 시간 절반은 이 개념 풀이를 하다 지나간다. 아이들의 이런 현실을 아는지 요즘은 QR 코드를 찍으면 그 단원의 기본 단어를 설명해 주는 페이지로 연결되는 교과서도 등장했다.

'문해력 하락→개념 이해 부족→학습 부진'은 수업 집중도 하락으로 이어진다. 고학년으로 올라갈수록 과목은 어려워지고, 상위권과 하위권의 격차도 벌어지는 악순환이다. 결국 갖춰야 할 것은 문장의 의미를 구조화하고 문제 상황을 파악하는 능력이다. 여기에 기본적인 배경지식과 용어의 뜻, 개념을 놓치지 말아야 한다.

쉽게 적용할 수 있는 '서술형'에 대한 훈련은 ① 문제의 조건을 작은 단위로 나누어 표시하고 ② 핵심 정보에 밑줄을 긋고 ③ 배경지식을 강화하고 ④ 긴 글을 읽고 의미를 요약하는 연습, 즉 텍스트에서 핵심을 찾는 것이다.

숏츠에 익숙해진 아이들, 쓰기 문제는 더 심각하다

요즘 아이들에겐 24시간 끝없이 나오는 TV, 유튜브가 있다. 문해력은 이런 미디어 소비와 연관이 있다. 1분도 채 되지 않는 숏폼에 익숙해진 아이들은 글은커녕 영상도 5분이 넘어가면 길게 느끼고 지루해한다. 짧은 영상, 짧은 호흡의 텍스트만 접하다 보니 영상도

  AI 시대 엄마가 먼저 알아야 할 최상위 공부법

길면 집중력이 흐트러진다.

'쓰는 것'은 더 심하다. 수업 시간에 배운 내용을 A4 종이 한 페이지에 정리해 보라고 하면 채우는 아이가 거의 없다. 못하겠다며 짝꿍 것을 베끼려는 아이들도 많다.

전문가들은 숏츠 중독을 예방하려면 영유아 단계에서 스마트 기기를 최대한 보여 주지 않는 게 좋다고 말한다. 숏폼을 제공하는 플랫폼들은 도파민을 최대한 뽑아내기 위한 '기술'을 SNS에 심어 놓기 때문이다. 연구들을 참고해 보면, 실세로 SNS 숏폼 기능을 만들 때, 도파민이 최대한 많이 분비될 수 있도록, 자극적인 경험을 주기 위한 여러 인터페이스나 기능을 실험하고 최상의 반응을 포착한다. 틱톡 사용자들을 대상으로 한 연구에서도 플랫폼의 시스템이 분명 영향을 미친다는 결과가 나왔다. 강화된 알고리즘이 사용자의 집중도를 높이고 이것이 숏폼 중독 행동으로 이어진다는 것이다.[5]

이는 주의를 집중할 수 있는 시간을 줄이고, 독서에서 얻는 보상을 지루하다고 느끼게 할 수 있다. 뇌의 보상 회로를 쾌감에 적응시켰기 때문이다. 시각적, 청각적 자극에 길들여지면 복잡한 문장을 해석하고 맥락을 추론하는 능력을 끌어올리는 데 장벽이 된다.

물론, 숏폼이 무조건 부정적 기능만 가졌다고 할 순 없다. 숏폼을 적절히 이용하고 미디어로 활용하면서 스스로 숏폼 이용에 대해 생각

---

5 Yao Qin et al. The addiction behavior of short-form video app TikTok: The information quality and system quality perspective, Frontiers in Psychology, 2022.

하게 해 보는 게 더 바람직하다. 장기적으로는 뉴미디어나 숏폼 같은 짧은 콘텐츠를 어떻게 읽고 활용할지에 대한 리터러시도 필요하다.

다만 숏츠 과잉 시청이 문해력 성장을 제한하는 이유 중 하나라는 사실은 기억해야 한다. 디지털 미디어 노출은 책 읽을 시간, 글을 읽고 생각할 시간을 빼앗고 독서 패턴도 바꿔 놓기 때문이다. 유튜브와 SNS를 '원천 금지'하자는 게 아니라, 빼앗긴 시간을 책이나 대화 또는 토론에 더 양보하는 노력이 필요하다.

개념어의 벽, 한자에서 시작한다

"삼각형의 '대변'을 얘기하면 애들이 똥 아니냐고 해요."

중학교 수학 교사 C씨에게 수학 시간은 단어 설명 시간이다. 넘쳐 나는 한자 용어 때문이다. 하나하나 풀어서 설명해도 뒤돌아서면 잊는데, 한자어를 조금 알면 낫지 않을까 하는 기대도 있다. 가뜩이나 수학을 어려워하는데 게다가 용어들도 다 한자라니.

어느 교과목이든 비슷한 고민이 있다. 문해력 문제가 나올 때마다 등장하는 예시, '금일(今日)은 금요일 아니냐'는 이야기는 흔한 예시다. 책 속에 등장하는 개념어는 많은 한자어를 알아야 한다.

"왜 어려운 한자어만 나열해 놓고 아이들 문해력이 떨어졌다고 말하냐"라는 반론도 일리는 있다. '한글 세대'에게 한자어를 들이밀면서 "너희들이 한자를 모르니까 무식하다", "문해력이 형편 없다"고 말하는 건 앞뒤가 안 맞는다.

하지만 현실적으로 한자의 뜻을 파악하는 게 어휘력을 높이고 결과적으로 문해력에도 도움을 준다는 걸 반박하는 사람은 많지 않다. 국립국어원 통계에 따르면 한국어 어휘의 약 60~70%를 한자어가 차지한다. '과학(科學)', '사회(社會)' 같은 교과목 이름부터 '불평등(不平等)' 같은 핵심 개념어와 추상어는 대부분 한자어다. 한자의 표의성(表意性), 즉 글자가 소리가 아닌 의미 자체를 나타내는 성질을 모르면 단어의 정확한 속뜻과 조합 원리를 이해하기 어렵다.

반대로 한자어의 이런 특징을 알고 있다면 단어와 문장의 의미를 유추해 내기가 수월해진다. 사회 시간에 '삼권분립(三權分立)'이 나온다고 하자. 약간의 한자를 알고 있다면 삼은 셋, 권은 '권력의 권', 분은 '분리할 분', 이런 식으로 하나하나 이해해 갈 수 있다. 반면 요즘 학생들은 이런 단어를 통째로 외워 버린다. 상대적으로 압축적인 단어의 의미를 파악하고 모르는 단어를 짐작하는 데는 한자에 담긴 의미를 하나씩 차근히 이해하는 방식이 더 수월하다.

한자를 배우면 학습 부담이 가중될까 봐 고민되는 게 현실이다. 그렇다고 문해력의 중요성을 지나칠 순 없으니, 방법을 찾아야 한다. 전문가들은 한자 교육을 최대한 자연스럽게 접하게 해야 한다고 조언한다. 냅다 외우거나 막연하게 한자 공부를 하는 건 의미가 없다는 것이다. "책을 읽으면서 뜻을 알려고 해야 한다", "한자 교육으로 또 압박감을 주는 것은 옳지 않다"고 한다.

이런 고민을 가진 교사들이 활용하는 몇 가지 방법을 살펴보면 다음과 같다.

① 모르는 단어는 무조건 사전을 찾아보는 습관을 들인다. 국어 사전도 좋고, 우리말 한자어 속뜻 사전 같은 것도 좋다. 요즘은 사전을 굳이 사지 않아도 인터넷을 통해 쉽게 찾아볼 수 있다.
② 본격적인 단원 학습 전에 개념과 어려운 어휘를 미리 찾아보게 한다. 그러면 문맥을 통해 더 깊이 이해할 수 있고, 주제 파악도 수월해진다. 말의 속뜻을 알면 단순 암기할 필요가 없다.
③ 독후 활동을 하면서 모르는 어휘를 활용하는 연습을 한다. 단 두세 줄이라도 괜찮다. 단어의 뜻을 적고, 그 단어를 활용해 문장을 써 보게 한다.

CHAPTER 2

포스트 2028,
대입제도가
변한다

2028 대입 변화: 통합 수능, 서·논술형 평가 확대

AI에 필요한 인재, 문제 해결력을 키워라

AI가 바꿔 놓은 세상. 우리나라뿐 아니라 전 세계가 새 시대의 인재상에 대해 고민하고 있다. 선진국의 인재상은 경제협력개발기구OECD의 논의에서 엿볼 수 있다. OECD는 2015년 'OECD 교육 2030'이라는 프로젝트를 시작했는데, 이는 급변하는 미래 사회에 필요한 핵심 역량을 규명하고, 미래지향적 교육 방향을 제시하는 국제 프로젝트다. 여기서 핵심 역량이란 지식(사실·개념), 기능(활용·문제 해결), 태도와 가치(신념·행동) 등의 역량으로 구분한다. 또 2019년에는 '학습 나침반 2030'을 발표하고 아이들이 자신의 학습을 주도하는 능력을 강조했다. 최근에는 디지털 혁명의 시대에 책임감 있고 역동적으로 참여할 수 있는 역량을 중시한다.

우리나라 초중고교 교육 과정도 이런 변화와 시대적 요구를 담고 있다. 교육부의 '2022 개정 교육 과정 총론'을 보면, 디지털 전환, 감염병 대유행 및 기후 변화, 인구 구조 변화에 대응해야 한다는 대전제가 깔려 있다. 사회가 점점 복잡해지고 다양해지면서 학생 개개인의 특성과 진로에 맞는 '맞춤형 교육'도 중요해진다.

2022 개정 교육 과정이 강조하는 학생의 핵심 역량은 6가지다. **자기 관리** 역량, **지식 정보 처리** 역량, **창의적 사고** 역량, **심미적 감성** 역량, **협력적 소통** 역량, **공동체** 역량이다.

이를 위해 교육 과정에서는 중점을 둔 부분을 6가지로 설명한다.[6] 학생의 주도성을 길러 주고 공동체 의식을 함양하는 것 말고도, 모

---

[6] 교육부가 발표한 2022 개정 교육 과정을 보면 아래 내용에 중점을 두고 설계했음을 알 수 있다. 가. 디지털 전환, 기후·생태 환경 변화 등에 따른 미래 사회의 불확실성에 능동적으로 대응할 수 있는 능력과 자신의 삶과 학습을 스스로 이끌어 가는 주도성을 함양한다. 나. 학생 개개인의 인격적 성장을 지원하고, 사회 구성원 모두의 행복을 위해 서로 존중하고 배려하며 협력하는 공동체 의식을 함양한다. 다. 모든 학생이 학습의 기초인 언어·수리·디지털 기초 소양을 갖출 수 있도록 하여 학교 교육과 평생 학습에서 학습을 지속할 수 있게 한다. 라. 학생들이 자신의 진로와 학습을 주도적으로 설계하고, 적절한 시기에 학습할 수 있도록 학습자 맞춤형 교육 과정 체제를 구축한다. 마. 교과 교육에서 깊이 있는 학습을 통해 역량을 함양할 수 있도록 교과 간 연계와 통합, 학생의 삶과 연계된 학습, 학습에 대한 성찰 등을 강화한다. 바. 다양한 학생 참여형 수업을 활성화하고, 문제 해결 및 사고의 과정을 중시하는 평가를 통해 학습의 질을 개선한다. 사. 교육 과정 자율화·분권화를 기반으로 학교, 교사, 학부모, 시도교육청, 교육부 등 교육 주체들 간의 협조 체제를 구축하여 학습자의 특성과 학교 여건에 적합한 학습이 이루어질 수 있도록 한다.

든 학생이 학습의 기초인 언어·수리·디지털 기초 소양을 갖출 수 있도록 한다는 점, 학생 참여형 수업을 활성화하고 문제 해결 및 사고의 과정을 중시하는 평가를 통해 학습의 질을 개선한다는 점이 포함되어 있다. 앞에서 언급한 AI 시대의 학생들의 역량과 맞닿아 있는 부분이다.

이는 '6C'로도 요약된다. 핵심적인 개념적 지식conceptual knowledge, 창의성creativity, 비판적 사고 critical thinking, 컴퓨팅 사고 computational thinking, 융합 역량convergence, 인성character이다.[7] 이런 내용은 추상적인 듯 보이지만, 앞으로 교육 제도 변화를 이해하는 힌트가 된다.

2028 대입, 서술형과 '절대평가'로 이행하는 과도기

"한국 대학 입시제도는 안 바꾸는 게 제일 낫다." 자녀를 대학에 보내 본 학부모들이 자주 하는 말이다. 대형 학원이나 입시 업체 관계자들도 종종 비슷한 이야기를 한다. "입시가 바뀌면 불안하니까 결국 사교육도 늘어나는 거죠."

대입제도 변화에는 여러 요인이 영향을 준다. 유명인 자녀의 입시 비리 같은 '큰 사건'이 터지거나, 대입제도 과정에서 부작용이 발

---

7 정제영, 《2028 대학입시: 학교 교육에 집중하라》, 포르체, 2023.

생했을 때도 바뀔 수 있다. 교육 과정의 변화와도 큰 관련이 있다. 요즘처럼 AI, 디지털 전환, 기후 변화처럼 세계가 급변하는 상황에서 '어떻게 아이들에게 미래 역량을 갖추게 할 것인가'라는 질문은 교육계의 큰 고민거리다.

'2028 대입제도 개편(이하 2028 개편)' 취지와 향후 대입 개편도 이런 맥락과 무관하지 않다. 2028 개편에서 가장 큰 변화는 고교학점제 도입이다. 2025년부터 전면 시행된 고교학점제의 취지는 '학생이 진로와 적성에 맞는 과목을 선택하게 한다'라는 것이다. 단순 지식 암기보다 비판적 사고, 문제 해결, 협업, 디지털 역량을 길러 시대 변화에 발맞춘 교육을 한다는 것도 명분이다.

2028 개편에 담긴 수능 개편을 살펴보자. 일단 고교학점제 도입과 '문과 침공'[8] 부작용을 보완하려는 목적이 반영됐다. 그 결과 2028 수능 개편안 요약 표처럼 선택과목을 모두 없앴다. 자연계와 인문계, 이른바 문과와 이과 구분 없이 동일한 기준과 내용으로 학생을 평가한다. 사회탐구와 과학탐구는 고1 때 배우는 범위에서만 출제한다. 2028 개편 이후 수능은 아직 청사진이 나오지 않았지만,

---

[8] 문과 침공은 2022학년도부터 시행된 문이과 통합형 수능에서 발생한 부작용이다. 선택과목 체제를 도입한 통합형 수능은 적성에 맞는 과목을 선택해 시험을 보게 하자는 것이었는데, 문항의 난이도나 응시 학생의 수, 성적에 따라 선택과목의 원점수가 같아도 표준점수가 달라지는 현상이 발생한 것이다. 이 때문에 상대적으로 높은 표준점수를 획득한 이과생들이 대학에선 '간판'을 따라 인문계 전공에 진학하는 '문과 침공'이 발생했다. 이에 개선책을 마련해야 한다는 목소리가 높아졌다. 여기에 이공계 지망 수험생들이 과학탐구를 선택하는 대신, 상대적으로 학습 부담이 덜한 사회탐구로 이동하는 이른바 '사탐런' 현상까지 심화되면서, 예상치 못한 부작용도 나타났다.

■ **2028 수능 개편안 요약**

영역		현행(~2027수능)	개편안(2028수능~)
국어		**공통+2과목 중 택 1** • 공통: 독서, 문학 • 선택: 화법과 작문, 언어와 매체	공통 (화법과 언어, 독서와 작문, 문학)
수학		**공통+ 3과목 중 택 1** • 공통: 수학Ⅰ, 수학Ⅱ • 선택: 확률과 통계, 미적분, 기하	공통 (대수, 미적분Ⅰ, 확률과 통계)
영어		공통(영어Ⅰ, 영어Ⅱ)	공통(영어Ⅰ, 영어Ⅱ)
한국사		공통(한국사)	공통(한국사)
탐구	사회·과학	**17과목 중 최대 택 2** • 사회: 9과목 한국지리, 세계지리, 세계사, 동아시아사, 경제, 정치와 법, 사회·문화, 생활과 윤리, 윤리와 사상 • 과학: 8과목 물리학Ⅰ, 화학Ⅰ, 생명과학Ⅰ, 지구과학Ⅰ, 물리학Ⅱ, 화학Ⅱ, 생명과학Ⅱ, 지구과학Ⅱ	• 사회: 공통(통합사회) • 과학: 공통(통합과학)
	직업	1과목: **5과목 중 택 1** 2과목: 공통+[1과목] • 공통: 성공적인 직업 생활 • 선택: 농업 기초 기술, 공업 일반, 상업 경제, 수산·해운 산업 기초, 인간 발달	• 직업: 공통(성공적인 직업 생활)
제2 외국어/한문		**9과목 중 택 1** • 제2 외국어/한문: 9과목 독일어Ⅰ, 프랑스어Ⅰ, 스페인어Ⅰ, 중국어Ⅰ, 일본어Ⅰ, 러시아어Ⅰ, 아랍어Ⅰ, 베트남어Ⅰ, 한문Ⅰ	**9과목 중 택 1** • 제2 외국어/한문: 9과목 독일어, 프랑스어, 스페인어, 중국어, 일본어, 러시아어, 아랍어, 베트남어, 한문

출처: 교육부(음영은 절대평가)

AI 시대 엄마가 먼저 알아야 할 최상위 공부법

2028학년도 수능의 과목과 범위가 줄어든 것을 보면 대입에서 차지하는 무게감이 약해질 것이라는 예상이 가능하다.

서울대는 신입생을 어떻게 뽑나

대학들은 이를 어떻게 입시에 반영할까. 2028 개편 이후 각 대학들이 낸 대입 전형 주요 사항을 보면 힌트를 얻을 수 있다. 주요 사항에는 대략적인 선발 방향과 더불어 '우리 학교에 올 땐 이런 과목들은 고교에서 이수했으면 좋겠다'라는 내용이 담겨 있다. 모두 대학 홈페이지에 공개되어 있으므로, 관심 있는 대학 자료를 찾고 대학에 직접 물어보면 정보를 얻을 수 있다.

한 예로 서울대의 2028학년도 대입 전형 주요 사항을 살펴보자.

① 학교 교육을 성실하게 이수한 우수 인재를 선발한다는 전형의 취지를 충실히 구현하기 위해 **정시모집 수능위주전형**(지역균형전형)을 **폐지하고, 수시모집 학생부종합전형**(지역균형전형)**의 선발 인원을 확대**한다.

② **수시모집 학생부종합전형**(지역균형전형)은 교육 불균형을 해소하고 지역별 우수 인재의 균형적 선발을 위해 일부 지원 자격을 제한한다(**자율형사립고, 외국어고, 국제고, 과학고, 영재학교 지원 불가**).

③ 고교별 추천 인원을 3명으로 확대하며, 수능 최저 학력 기준은 적용하지 않는다.

④ **정시모집** 수능 위주 전형(일반전형)에서는 대학 수학을 위한 기본 학업 소양을 검증하기 위해 수능을 활용하고, 고교 학습과의 연계를 강화하기 위해 교과 역량 평가를 실시한다. **1단계 수능 100%로 3배수를 선발하며, 2단계에서는 수능 60%와 교과 역량 평가 40%의 배점**을 반영하여 최종 합격자를 선발한다. (후략)

위 내용을 보면 수시와 정시 모두 학생부 비중이 늘어나고 있다. 반면 정시에서 수능 반영이 축소된다는 것을 알 수 있다. 최근 서울 주요 대학들의 정시모집 요강을 보면 수능 점수만이 아니라 학생부를 반영하는 경향을 보인다. 또 서울대는 일부 전형에서 자율형사립 고등학교와 특수목적고등학교 지원자를 배제하고 학교별로 추천 인원을 늘렸다. 학생부 영향력 강화와 균형 선발에 초점이 맞춰져 있다.

미래 인재를 기르려면 평가 혁신이 필요하다

교육 정책 담당자와 전문가들은 기본적으로 9등급제와 오지선다형 평가를 부정적으로 본다. 사교육의 반복 학습을 부추기고, 창의력과 문제 해결력을 기르는 데 적절하지 않은 방식이라는 공감대가 넓게 퍼졌기 때문이다. 이 때문에 미래 인재를 기르려면 우선 '평가 혁신'이 필요하다고 본다. 평가를 변화시켜야 학교 수업이 변화하고, 교육이 변화한다는 것이다. 선진국들이 대부분 5등급 절대평가를 적용하고, 학교 내신에서는 주제 글쓰기나 보고서 평가 같은 서·논술형 평가를 지향한다.

이런 점에서 2028 개편안의 내신 등급 개편에는 장기적으로 서·논술형 평가와 절대평가를 늘려 갈 것이라는 복선이 깔려 있다. 고교학점제에선 일부 과목을 제외하고 성취평가제(A~E 등급의 절대평가)가 기재된다. (다만, 정부는 당초 고교학점제 도입 단계에서 절대평가를 더 확대하려 했지만, 일단 '대입 변별력 확보'라는 명분 때문에 상대평가 병기라는 '절충'을 택했다.)

중장기 교육 계획의 공통 방향: 수능 절대평가와 서·논술형 확대

2000년 고교 3학년생, 18세 인구는 82만 6,889명이었다. 2025년 고교 3학년생 인구는 약 45만 명, 2040년에는 약 26만 명으로 뚝 떨어진다. 2040학년도 대입 정원이 2026학년도(34만여 명)와 같다고 가정하고, 대학 진학률이 100%라고 하더라도 약 8만 명의 '결원'이 발생한다. 대학이 정원을 다 못 채운다는 의미다.

이런 탓에 교육 전문가들 사이에선 "학령 인구가 급감하고 4차 산업 시대로 변화하는데, 예전 같은 단순 암기를 통한 줄 세우기는 의미가 없다"라는 공감대가 이미 확산해 있다.

교육계에서는 2028 대입제도 개편 변화를 바탕으로 이후 대입제도 변화에 대한 의견이 쏟아지고 있다. 대입제도의 큰 틀이 되는 2027~2036년 중장기 국가 교육 발전 계획은 대통령 직속 국가교육위원회에서 만들지만, 시도 교육감을 비롯한 교육 당국자들은 그 밑그림이 될 방안에 대해 아이디어를 내고 있다. 앞으로 이 안들이 논의 테이블에 올라갈 가능성이 높다.

우선 교육계에서는 수능에서 일정 등급 이상이면 대학 입학 자격을 부여하자는 의견이 꾸준히 나오고 있다. 최교진 교육부 장관도 수능 절대평가 전환에 대해 긍정적인 답변을 내놓았다. 취임 후 처음 열린 국회 대정부 질문에서 '수능과 내신의 절대평가 전환'에 대해 최 장관은 "시도 교육감들과 협의하면서 대입제도 개선이 필요함과 동시에 절대평가로 전환할 시기가 됐다는 데에 대체로 공감했다"라고 말했다.

전국 17개 시도 교육감들도 한국 대입제도 개편과 관련해 ① 수능 시험 절대평가로 진행 ② 수능 시험 서·논술형 문항 도입 ③ 수시·정시 일정 단일 체제로 통합 등 세 가지 방안에 대해 동의했다.

강은희 대구교육감 겸 대한민국교육감협의회장은 취임 1주년 기자간담회에서 "대입제도 개편과 관련해 수능 절대평가와 서·논술형 평가, 수시·정시 동시 진행에 대해 모든 시도교육청이 동의한 상황"

  AI 시대 엄마가 먼저 알아야 할 최상위 공부법

이라면서 "이는 국정기획위원회와 국가교육위원회에도 전달했다"라고 말했다.

교육계에서는 개편안 시행 시점으로 2013년생(2026년 기준, 중1) 혹은 2014년생(초6)이 대학에 진학하는 2032~2033학년도가 될 가능성이 높다고 예상하고 있다. 강 회장도 "지금부터 준비하면 2032 개정 교육 과정에 반영이 가능하다"라고 말했다. 그러면서 차기 교육감이 들어선다고 해도 방향이 달라지지는 않을 것으로 봤다.[9]

각 시도 교육청들이 제안한 개혁안은 밑그림을 보여 주고 있다. 경기도교육청이 최근 발표한 미래 대학 입시 개혁안은 앞으로 변화를 예상하는 데 참고할 만하다. 경기도의 개혁 제안은 크게 ① 내신 평가 변화 ② 수능 체제 개편 ③ 대입 전형 개선으로 구분된다. 향후 정책 방향을 공론화하는 데 참고가 될 의견을 제안한 것이다. 주요 내용을 보면, 다음과 같다.

① **학생 내신 평가 변화**: 2026학년도 중학교 1학년 입학생부터 지필 평가에서 서·논술형 평가의 비중을 점진적으로 확대하고, 고등학교 전 과목에 절대평가 전면 도입을 제안한다.

② **수능 시험 체제 개편**: 2032학년도 수능 시험부터 성적 산출에 5단계 절대평가를 적용하고, 서·논술형 평가 문항을 도입해 창의

---

[9] 강은희 교육감협의회장 "수능 절대평가·논서술형 도입…모든 교육청 동의", 아시아경제 2025.09.01.

적 사고력, 분석적 문제 해결력 등을 평가하는 시험으로 개편하는 것을 제안한다.

③ **대입 전형 개선:** 학생이 고등학교 3학년 2학기까지 학교 수업에 충실히 참여할 수 있도록, 현재 구분되어 있는 **수시와 정시 전형을 통합**하고, 이에 따른 전형 시기를 조정할 것을 제안한다.

위와 같은 개편을 위해 교육청은 AI 기반 서·논술형 문항 채점 시스템을 개발해 평가의 공정성과 신뢰성을 확보한다는 계산이다.

서울시교육청도 2025년 12월 '미래형 대입제도'를 제안했다. 2033학년도와 2040학년도 대입에 대한 로드맵이다. 주요 내용으로 ① 2033년 대입에는 내신은 절대평가로 전면 전환하고 ② 서·논술형 평가 도입을 확대하며 ③ 수능도 절대평가로 전환하자는 내용이 담겼다. 또 수시와 정시 전형 시기를 통합, 11~12월에 진행하여 3학년 2학기 성적을 반영하자고 제안했다. 수능이 끝나면 사실상 파행 운영되는 3학년 2학기를 교실을 살리자는 얘기다.

■ **경기도의 학교 내신 평가 변화 로드맵**

■ **경기도교육청이 제안한 내신 및 수능 개편안**

내용	구분	주요 내용	
		2028 대학입시 확정안	미래 대학입시 개혁(안)
고교 내신 평가	평가 방식	• 절대평가와 상대평가 병기	• 5단계 절대평가 전면 적용
	평가 문항		**도입 시기: 2026학년도 중1 입학생** • 지필평가에서 서·논술형 문항 평가 비중 점진적 확대
	학교생활 기록부	• 학교생활기록부 교과성적(학기 말 기준) 부여 및 교사별 기록	• 학생 도달 역량 중심으로 학교생활기록부 기록 방법 개선. 나이스(NEIS) 연계 '학생 역량 중심 자동 기록 시스템(가칭)' 도입
	성적표	• 학생 학기 말 성적표 제공 ※ 지필 및 수행 원점수, 성취도, 석차 등급, 석차 제시	• '학생 역량 중심 디지털 성장 기록표(가칭)' 제공 ※ 평가 도구별 원점수, 성취도, 평가 근거, 피드백 제시
대학 수학 능력 시험	평가 방식	• 국어, 수학, 탐구 9등급 상대평가 / 그 외 9등급 절대평가, 선택 과목제 폐지	**도입 시기: 2032학년도 수능** (2026학년도 중1 입학생 대입 전형 시기) • 전 영역 5단계 절대평가
	평가 문항	• 오지선다형 및 단답형	**도입 시기: 2032학년도 수능** • 전 영역 서·논술형 평가 도입
	영어 듣기평가		• 3교시 영어 영역 '영어 듣기 평가' 전면 폐지

내용	구분	주요 내용	
		2028 대학입시 확정안	**미래 대학입시 개혁(안)**
대입 전형 체제	수시·정시 통합전형	• 수시·정시 분리 운영 ※ (수시) 학생부 교과 전형, 학생부 종합 전형, 논술 전형, 특기자 전형, 특별 전형 등 ※ (정시) 수능(위주) 전형	• 수시·정시 통합 전형 운영 • 수능 100% 전형 축소, 내신·수능 성적·학교생활기록부를 종합적으로 평가
	대입 전형 시기 조정	• (수시) 학교생활기록부 마감·전송 (8월 말) → 수시 전형 진행(10~12월) • (정시) 수능 시험(11월) → 수능 성적 통지(12월 초) → 학교생활기록부 마감·전송(12월) → 원서 접수(1월 초) → 정시 전형 진행(1~2월)	• 수능 시험(9월) → 학교생활기록부 마감·전송(11월 말) → 수능 시험 통지(12월) → 원서 접수(12월 중) → 통합 전형 진행(1~2월)

아울러 2040년에는 만 18세 학생 인구가 2025년(46만 명)의 절반 수준인 27만 명으로 급감하는 만큼, 내신 절대평가와 서·논술형 평가를 안착시키고, 수능을 폐지해 고교 교육 과정 중심 대입 체제를 도입하자고 제안했다.

정말 수능이 폐지될 것인가. 아니면 새로운 형태로 유지될 것인가. 교육부 장관을 지냈던 한 인사는 "수능은 이제 시대착오적이다. 없어져야 한다"라는 의견을 피력하기도 했다. 세부 사항이 어떻게 변화하든, 교육 당국의 방향을 기억할 필요가 있다. 학교 교육 과정의 결과가 대입의 전형 자료로 활용되고, 이를 통해 학교 교육과 대입이 선순환하는 방향으로 정책을 고민한다는 점이다.

일반고? 자율형사립고? 특수목적고?
고등학교 어디로 갈까

교육부가 2028 대입제도 개편을 발표한 직후에는 자사고·특목고가 유리할 것이라는 전망이 많았다. '성취평가제(절대평가)+5등급제'에서는 일정 성취 기준만 넘기면 1등급을 받을 수 있으니 우수 학생이 많은 학교일수록 1등급이 쏟아질 것으로 예상한 것이다.

하지만 뚜껑을 열어 보니 결과는 달랐다. 일단 서울시교육청 기준으로 보면, 2025학년도 자사고의 경쟁률이 전년 대비 하락한 학교가 많다. 반면 국제고와 외고의 경쟁률은 대체로 상승하는 분위기다. 전국 68개 고교의 2026학년도 원서 접수에서도 자사고의 전반적인 약세가 두드러졌다. 전국 32개 자사고의 총 지원자 수는 전년 대비 1,442명 감소해 10.1%의 감소율을 보였다. 이유가 무엇일까. 일단 학생들이 이과를 더 선호하는 자사고에서는 인문·사회 계열 선택과목을 택하는 인원이 적어 내신에서 좋은 성적을 받기 어렵다고 예상했을 수 있다. 이 때문에 '학생 수가 많은 외고나 국제고가 대입에 유리할 수 있다'라는 인식이 영향을 미친 것으로 보인다. 일각에선 '통합형 수능 체제의 정시에서 인문계 전공으로 진로를 확정한 학생들은 외고나 국제고에서 학생부 종합 전형을 노리는 것이 유리하다'라는 학습 효과도 영향을 미쳤다고 해석한다.

1등급 비율은 어땠을까. 서울시교육청에 따르면 고교학점제 도입 첫해인 2025년 서울 소재 고교 유형별 1학년 1학기 전 과목 1등급 비율 분석 결과 예상 외로 일반고가 2%를 웃돌며 가장 높았다. 자사고·외고·국제고는 1% 내외였다. 5등급제 적용 후 자사고와 특목고가 내신 받기에 유리할 것이라는 전망과 상반된 결과가 나온 것이다. 단지 '대학 간판'을 따기 위해 자사고나 특목고를 선호하는 현상이 약해질 수 있다는 전망이 나오는 이유다.

고교학점제가 도입된 만큼 전공에 대한 탐색은 더 중요해졌다. '어떤 전공을 선택해 무엇이 되겠다'라는 식으로 아주 구체적일 필요는 없지만, 대략적인 분야(인문계/자연계/공학계/메디컬계 등)는 고민해 보는 것이 좋다고 전문가들은 조언한다.

개별 고등학교에 대해 알아보고 싶다면, 전국 학교 정보를 제공하는 초중등 교육 정보 공시 서비스 '학교알리미(www.schoolinfo.go.kr)'를 참고할 수 있다. 학교급과 지역, 구 단위로 우리 동네 학교 정보가 나온다. 또 각 시도교육청도 고교학점제에 대비한 설명회를 연다.

내신 서·논술형,
AI가 채점하는 시대로

"서술형 평가가 학생 역량 평가에 좋지만, 수백 명의 답안을 채점하는 게 문제죠." (교사)

"논술 평가가 교육적으론 좋겠지만 공정한지, 우리 아이 성적에 어떤 영향을 줄지가 불안해요." (학부모)

오지선다 객관식 시험에 익숙한 한국 교육에서 서·논술형 평가 확대에 대한 우려는 어쩌면 당연하다. 학교와 학생, 학부모 각자의 걱정도 있다. 평가의 부담, 달라진 방식에 대한 적응, 공정성에 대한 걱정이 나올 수밖에 없다.

2028 대입제도 개편에는 서·논술형 내신 평가와 절대평가 안착

을 국가가 지원한다는 내용이 명시되어 있다. 여러 지원을 시작했거나, 시작할 예정이라는 얘기다. 융합적 사고력과 문제 해결력을 길러 준다는 명분에서다. 장기적으로 내신에서 서·논술형 평가의 비중을 늘리고, 국가·시도 평가관리센터 중심으로 절대평가 안착을 지원할 계획이다. 내신 평가 기준도 개발하고, 교사의 평가 역량을 강화하는 연수도 한다.

시도교육청들도 실질적으로 학생과 교사가 쓸 도구들을 만들고 있다. 진국에서 학생 수 1, 2위인 경기도와 서울이 대표적이다. 두 교육청은 각각 AI 서·논술형 채점 도구 개발에 착수했다.

AI 서·논술형 채점 도구란 말 그대로 AI를 가지고 교사가 학생들의 답안을 채점하도록 돕는 도구다. 1차적으로 AI가 채점을 하면, 교사가 일일이 수백 명의 답안지를 채점해야 하는 부담을 덜 수 있다. 그러면 교사가 서·논술형 평가를 늘려 갈 동기가 생기고, 학교 교육도 변화할 수 있다는 취지다. 2022년 기준 우리나라는 시도교육청에 따라 고교 서·논술형 평가 권장 비중이 20~35% 수준인데, 이를 더 끌어올린다는 계획이다. 교육부도 국가 차원에서 AI 평가 도구 개발을 위한 준비에 돌입했다.

AI가 서·논술형 평가를 제대로 할 수 있을까. 객관식 답과 달리 아이마다 다른 줄글들을 모두 채점하는 게 가능할까. 서울시교육청 사례를 보면 가능해지는 듯하다. 교육청은 2025년 현장 교사들의 서·논술형 평가를 지원하기 위해 AI 평가 지원 시스템 '채움AI'를 만들었다.

채움AI는 챗GPT나 제미나이처럼 우리에게 익숙한 생성형 언어 모델 LLM AI가 아닌, 자동 채점을 위해 별도로 개발된 AI다. 개발 과정에서 서울시 내 초중고 66개 학교에서 국어, 수학, 사회, 과학 교과 평가에 적용해 8만여 개의 데이터를 수집한 뒤, 교사들이 채점하고 이를 기계가 학습했다. 이후 '인간과 기계의 채점이 얼마나 일치하느냐'까지 검증했다. 단순히 '정답과 오답을 가리는 채점'이 아니라, 사람 교사가 채점한 답안과 피드백 데이터를 기반으로 AI가 '채점+평가+피드백'까지 하는 방향이다.

채움AI의 평가 과정 요약
① 창의적인 문제 해결력을 평가할 수 있는 문제와 채점 기준을 교과별로 개발
② 실제로 문항에 대해 학생들의 답변 받기
③ 교사들이 학생 답변 데이터를 채점하고, 채점과 피드백 등을 바탕으로 AI가 데이터를 학습
④ AI 엔진은 교사에게 학생의 답안을 채점하고 몇 분 안에 점수와 피드백을 제공

학부모 입장에서는 AI가 채점한 아이의 답안을 교사가 한 번 더 확인한 뒤, 그 결과물을 받아 보게 된다. 학생은 종이 시험지가 아니라 학교에서 사용하는 노트북이나 태블릿 PC를 활용해 문제를 푼다. 서울시교육청은 이 시스템을 2026년 120개교에서 시범 운영한

뒤, 2027년 전체 학교에 확산할 계획이다.

그렇다면 '단순 지식'을 묻는 질문과 '창의적인 문제 해결력'을 평가하기 위한 문제는 어떻게 다르다는 뜻일까? 문제 해결력을 위한 문항의 답을 쓰려면 학생은 학교에서 배운 학습 내용을 바탕으로 자료를 해석, 분석하고 어떤 문제에 대해 직접 해결 방법을 써야 한다. 교과 기반의 내용에서 문제 해결력을 측정하는 평가라고 보면 된다. 초등학생 수학 문항을 예시로 보면 아래와 같다. 단순히 답만 찾는 게 아니라 실생활에서 활용 가능한 문제를 해결하기 위해 학생이 직접 하나씩 단계를 생각해야 한다. 어떤 식을 세우고 계산해야 할지 찾고, 계산 결과를 비교해 더 나은 방법을 찾는 것도 포함된다.

〈예시〉

> 지윤이와 사장이 피자 둘레에 얹을 치즈의 양에 대해 대화하고 있습니다.
>
> **사장:** 신제품 피자의 둘레에 치즈를 얹으려 합니다. 각각 네모와 원 모양의 두 피자 틀은 가로 폭이 20cm로 같은데, 피자에 사용할 치즈의 길이도 같을까요? 치즈의 두께는 무시하고 알려 주세요.
>
> **지윤:** 네모 피자의 둘레 길이는 20cm의 4배이고, 원 피자의 둘레는 20cm의 [?]배이므로 서로 다릅니다.
>
> **사장:** 그럼 어떤 피자에 사용되는 치즈가 얼마나 더 긴가요? (중략)

문항: 신제품의 가격은 피자 넓이에 따라 책정합니다. 네모 피자 가격을 10,000원이라 할 때, 원 피자의 가격을 얼마로 하면 좋을지 사장님에게 제안하는 글을 쓰세요. 네모 피자와 원 피자의 넓이가 얼마인지 글에 포함되어야 합니다.

※실제 문항 예시에서 변형

단답형 문항과 서·논술형 문항의 형태는 이런 방식으로 구분되기도 한다. '전기 절약의 필요성을 가르친다'라는 목표를 가지고 평가한다면 단답형 문항은 "글의 내용을 바탕으로 괄호 안에 알맞은 말을 쓰시오"와 같은 형태로 문제를 낼 것이다.

하지만 서·논술형 문항은 "6학년 학생에게 학교에서 실천할 수 있는 전기 절약 방법을 제안하는 글을 아래 조건에 맞게 쓰시오"라는 식으로 만드는 것이 가능하다. 이런 방식으로 서·논술형 평가를 적용했던 학교에서는 아이들의 반응도 달랐다. "지식만 묻는 평가와 달랐다", "더 많은 내용을 이해해야 쓸 수 있었다"라는 답변이 나왔다는 게 교사들의 전언이다.

중고등학생도 마찬가지다. 각종 지문과 도표 등 자료를 제시한 뒤 실천 방안을 제시하는 논술문 작성이 가능하다. 예를 들어 '기후 변화로 인한 지역 문제 발생에 대해 탐구한 뒤 환경 문제를 해결하기 위한 주체들의 활동을 조사하고, 중학생으로서 실천 방안을 제시하라' 하는 식의 논술문이다. 단순히 답을 외우는 방식으론 해결할 수 없다.

   AI 시대 엄마가 먼저 알아야 할 최상위 공부법

객관식의 종말,
AI 채점의 핵심은 문제 해결력이다

서·논술형 평가 확대가 앞으로 객관식 지필고사를 대체할 수 있을까. 충분히 가능하다고 보는 교사들이 많다. 교과 지식에 기반한 문항이라는 점, 시험을 보는 동안 다른 인터넷 사이트 접속이나 생성형 AI를 활용할 수 없도록 통제하는 환경적인 측면은 이를 가능하게 한다. 장기적으로 객관식 지필고사를 대체할 가능성도 있는 셈이다.

지금처럼 객관식 지필고사가 남아 있게 된다면, 이런 서·논술형 평가는 수행평가에서 활용될 수 있다. AI로 서·논술형 문항을 평가해 본 서울의 한 국어 교사는 "교육청이 표준 문항을 제시하면 개별 교사들의 평가 방식도 충분히 바뀔 수 있다"라고 했다. 그렇게 되면 수업 자체가 단순 지식 암기를 위한 전달 방식에서 문제 해결 사고법을 가르치는 방식으로 변화하게 될 것이다.

전국에서 초중고교생이 가장 많은 **경기도교육청도 AI 기반의 서·논술형 평가 시스템 '하이러닝 AI 논술 진단'을 개발했다. 도교육청은 이를 2026년에 전 학년 모든 교과로 확대할 계획이다.** 광학문자인식OCR 기반으로 학생의 손글씨를 인식해 AI 엔진이 자동 채점과 초기 피드백을 만들면 교사가 이를 검증, 보완한다.

이를 위해서 경기도교육청은 교과별 성취 기준에 따른 논술형 평가 문항과 채점 기준표를 개발한다. 2026학년도부터 지필평가에서도 논술형 평가를 순차적으로 확대하고, 수행평가도 논술형으로만 실시할 수 있도록 중등 학업 성적 관리 시행 지침을 바꿨다. 문항은 역시 창의적 사고력과 문제 해결력 평가가 중심이 된다. 실무 차원의 논의가 활발한 것을 보면, 서·논술형 평가 체제의 도입을 위한 준비는 시작된 셈이다.

다만 앞서 언급했듯 우리나라 대입에선 '공정성'이라는 화두를 무시할 수 없다. "서·논술형 평가 좋다, 하지만 어떻게 공정성을 확보

■ 경기도교육청의 AI 서·논술형 문항 예시

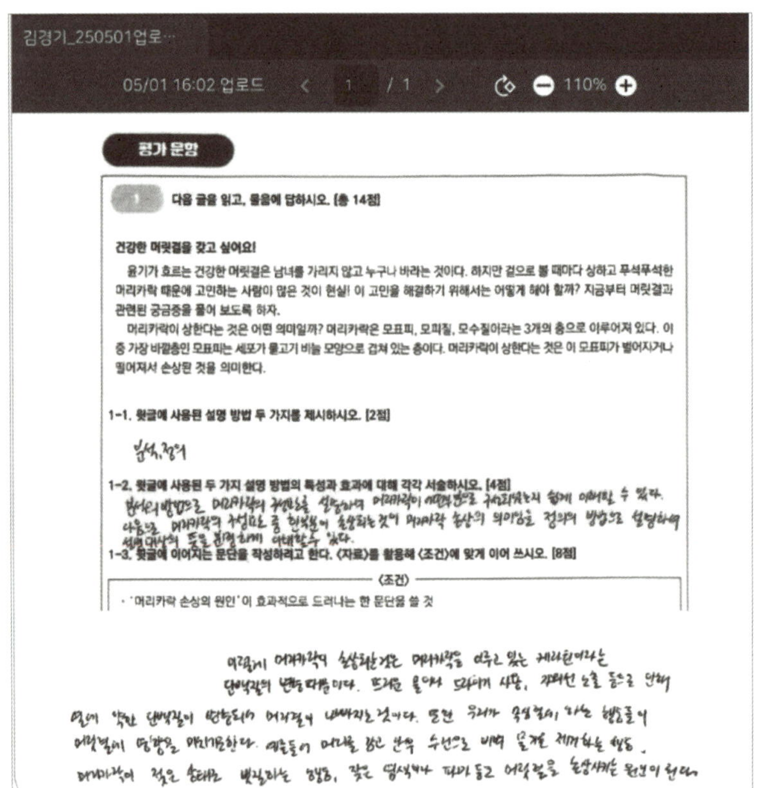

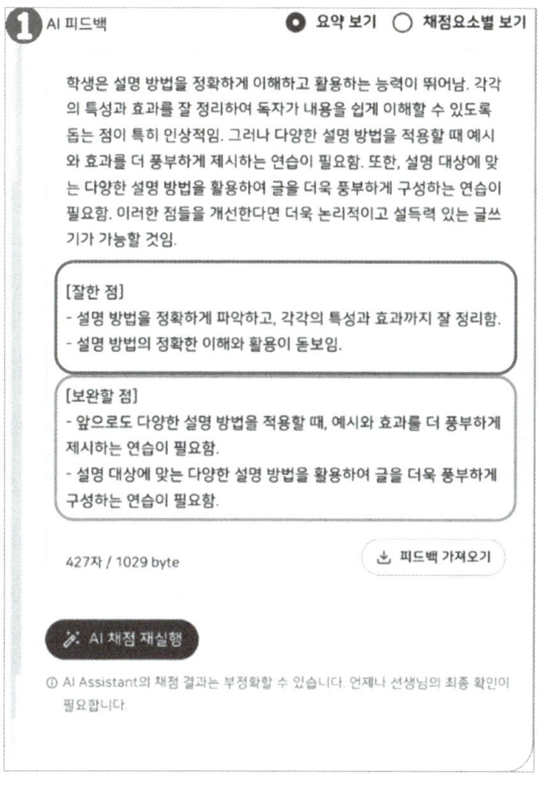

출처:경기도교육청

할 것인가" 이 질문은 언제나 따라다닐 것이다. 객관식 시험이 가장 공정하다는 인식이 사회적으로 강하기 때문이다. 서·논술형 평가 과정에서 공정성을 확보하고, 공감대를 넓히는 게 중요한 이유다.

AI 채점은 이에 대한 논란을 줄일 기술이 될 수 있다. 또 교사 연수를 통해 역량을 강화하고, 국가 수준의 평가 기준을 세우는 것도 중요하다.

2026학년도부터
꼭 알아야 할 AI 활용법

2026년 학교 현장에는 AI가 더욱 성큼 발을 들여놓을 예정이다. 당장 서울시교육청이 학생들의 AI 활용을 위해 초중고 AI 교육 종합 계획을 발표한 상태다. 핵심은 AI 윤리·디지털 시민성 교육 강화다. AI를 사용하는 방법을 알려 주되, 디지털에 너무 의지하지 않도록 '습관 교육'까지 이뤄 내겠단 구상이다. 교육이 잘 이뤄졌는지 초등학교 5학년, 중학교 2학년, 고등학교 1학년을 대상으로 진단검사도 시행한다.

수행평가 과정에서 무분별하게 활용됐던 AI 관리 방안도 마련됐다. 교육부가 전국 시도교육청과 함께 만든 안으로, 수행평가 중 AI를 사용하는 부정행위를 미리 방지하겠단 계획이다. 여기서 포인트는 AI를 '절대 사용하지 마시오'가 아니라, 허용되는 범위 안에서 '안전하게 사용하시오'를 원칙으로 내세웠다는 점이다.

교육부에서 2025년 12월 발표한 내용을 살펴보자.

먼저 교사는 수행평가 시행 전 과목별 평가 요소·채점 기준 등을 고려해 **AI 활용에 대한 구체적 기준을 마련**한다. 또 AI를 활용해 수행평가를 진행할 시 **출처와 활용 과정**을 명확히 하도록 한다. 이때 **개인정보 입력, 처리에 각별히 주의**해야 한다. 또 교사가 수업 시간에 학생의 수행 과정을 직접 관찰할 수 있도록 **실시간 활동 중심 평가를 운영**한다. AI 활용 평가와 관련한 유의 사항 전달, 관련 교육도 실시된다.

즉, 수행평가 중 AI 활용이 허용될 경우, 보조적으로 이용해 수행평가의 질을 높일 수 있게 된 것이다. 그래서 AI가 생성한 답변이 참인지 거짓인지 구분할 줄 아는 비판적 독해 능력이 더욱 필요해졌다. 잘못된 정보를 그대로 사용할 경우 질을 높이기는커녕, 완전한 오답을 제출하는 꼴이 될 수 있기 때문이다. 교육부 역시 "AI는 학습 데이터에 내재된 사회·문화적 편향성이나 고정관념을 그대로 반영할 수 있으므로, AI 생성물을 비판적으로 해석할 수 있도록 지도할 것"이라고 밝혔다. 또 수행평가 답안을 작성하는 과정은 온전히 학생의 몫으로 남겼다. AI가 생성한 자료를 분석하고 재구성할 줄 아는 문해력이 더 중요해진 셈이다.

교육부에서 예시로 든 수행평가 시행 계획 수립 과정과 채점 기준을 살펴보면 이는 더욱 명확해진다.

교육부는 AI의 활용 가능 정도를 '보조적 수단'으로 한정 짓고 있다. 또 채점 기준을 통해 ① 주제와 형식에 맞게 글을 구성했는지 ② 독자의 수준과 흥미를 명확하게 파악했는지 ③ 적절한 설명 방법을 택했는지 ④ 정보를 적절한 순서로 배치했는지 ⑤ 글에 핵심 정보가 모두 담겼는지 ⑥ 글이 완성도를 갖추고 있는지 등을 볼 것이라고 밝혔다. AI로만 해결할 수 없는 내용을 제시하고 평가하겠다는 취지다.

■ **AI를 활용한 수행평가 시행 계획**

차시	교수·학습 활동 및 평가	AI 활용 범위 및 유의 사항
1~2	**요약하며 읽는 방법 이해하기** • 중심 내용이 그대로 드러난 문장 선택하기 • 덜 중요하거나 반복되는 내용 삭제하기 • 주요 내용과 단어들을 묶어 일반화하기 • 내용을 종합하여 중심 문장으로 재구성하기 **정보를 전달하는 글 이해하기** • 글의 유형 알기 • 정보를 전달하는 글을 쓸 때 유의할 점 알기	**AI 활용 금지** 학생이 성취 기준에 도달하기 위한 기초·기본 내용을 배우는 단계이므로, 교사는 학생들이 AI의 도움 없이 학습 내용을 깊이 있게 이해하고 내면화할 수 있도록 지도
3	**활동1** **정보를 전달하는 글쓰기 계획하기** • 글의 주제와 정보 전달의 대상 정하기 • 예상 독자를 고려하여 글의 유형 정하기 • AI가 제안한 아이디어(주제, 대상, 유형) 중 나의 집필 의도에 가장 부합하는(또는 부합하지 않는) 것을 선정하고 그 이유를 기록하기	**AI와 대화하며 아이디어 구체화하기** 글의 주제, 정보 전달의 대상, 글의 유형을 정하기 위해 AI와 대화하며 브레인스토밍하기 ※ 학생이 AI가 제안한 아이디어를 그대로 수용하는 것이 아니라, AI에게 구체적이고 정교한 질문을 반복하며 자신의 사고를 확장할 수 있도록 지도
4~5	**활동2** • 다양한 자료를 탐색하고 분석하기 • 찾은 자료를 요약하기(출처 기록) **모둠 활동** 요약·정리한 자료를 모둠 친구에게 서로 설명하고 피드백 주고받기	**AI를 활용하여 자료 탐색하기** • 정보를 전달하는 글을 작성하기 위해 필요한 자료를 AI에게 탐색하도록 요청하기 • AI가 제공한 자료의 출처를 직접 확인하여 신뢰할 수 있는 자료(공신력 있는 기관에서 생산한 문서 등)인지 판단하고 사용 여부 결정하기

6	**활동3** **글의 개요 작성하기** 글의 처음, 중간, 끝에 들어갈 내용과 각 단계에서 활용할 자료를 정리하여 개요 작성하기	**AI 활용 금지** 학생이 AI의 도움 없이 스스로 개요를 작성하도록 지도
7	**수행평가 과제** **정보를 전달하는 글쓰기** 온전한 한 편의 글을 스스로 완성하기	**AI 활용 금지** 모든 종류의 전자기기 및 인터넷 활용을 차단하고 교사가 직접 대면 관찰하여 평가
8	**모둠 활동** • 서로의 글을 교환하여 읽고, AI의 도움을 받아 피드백 주고 받기 • 피드백을 반영하여 고쳐 쓰기 　- 맞춤법, 어색한 표현, 논리적 비약 등 확인	**AI를 활용한 동료 피드백 활동** • AI를 활용하여 친구가 작성한 글에 대한 피드백 제공 • 학생은 피드백을 무비판적으로 수용하기 보다는 글의 완성도를 높이기 위한 참고 자료로 활용

출처: 교육부

■ AI를 활용한 채점 기준

채점 요소		정보를 전달하는 글쓰기의 완결성 및 효과성
상	20점	설명 대상에 적합한 설명 방법을 효과적으로 사용하여 내용을 체계적으로 조직함. 독자의 수준과 흥미를 고려하여 명료하고 정확한 문장으로 한 편의 완결된 글을 완성함.
중	15점	주제와 형식에 맞게 글을 구성하였으나, 정보의 배치가 다소 산만하거나 설명 방법의 활용이 단조로움. 글의 전반적인 완성도는 있으나 독자의 이해를 돕기 위한 전략적 표현이 부족함.
하	10점	글의 형식은 갖추었으나 주제가 불분명하거나 핵심 정보가 누락됨. 문장 성분의 호응이 어색하거나 맞춤법 오류가 잦아 정보 전달의 효과가 현저히 낮음.

출처: 교육부

AI 시대
창의적 인재를 기르는 교실

AI 시대, 교육 변화는
이미 시작됐다

최근 교육계에서는 수능의 절대평가 전환과 서·논술형 확대가 거론되고 있다. 지금과 같은 오지선다 객관식 문제풀이 중심의 줄 세우기 학습은 한계에 달했다고 보기 때문이다. 지나친 선행학습으로 생겨난 '7세 고시', 교권 추락에 따른 공교육 붕괴, 청소년 자살 증가 등이 대표적인 부작용으로 꼽힌다. 여기에 더해 정치·사회 양극화, 젠더 갈등도 정답만 골라내는 교육에서 비롯됐다는 지적이 나온다. '다름'을 인정하고 수용하기보다 '맞다, 틀리다'만 학습한 결과, 중도와 타협이 사라졌다는 뜻에서다.

정답 맞추기가 아닌 생각 나누기로 대입의 틀을 바꿔야 한다는 주장이 여기에서 출발한다. 그러나 어느 정권도 교육 변화에 과감히 나서지 못한 채, 해마다 땜질식 처방만 반복하고 있다. 창의적·혁신적 인재가 필요한 AI 시대에 지금의 대입 체제는 언제까지 유효할까.

변화는 이미 시작됐다. 일주일에 한 번 이상 챗GPT를 사용하는 주간 활성 이용자 수WAU[10]는 2023년 11월 1억 명, 2024년 8월 2억 명, 2025년 10월 8억 명을 넘었다. 2년 새 8배 증가한 수치다. 대부분의 사람들이 일상생활을 공유하는 인스타그램, 페이스북의 월간 활성 이용자 수가 30억 명 수준이라는 점에서 볼 때, 챗GPT가 얼마나 일상화되었는지 알 수 있다. 그중 한국은 어떤 상황일까? 국내의 챗GPT 유료 구독자 수는 2,000만 명으로 추산되며, 이는 미국 다음으로 가장 많은 규모라고 한다. AI가 그만큼 우리 생활에 깊숙이 들어와 있다는 신호다.

한때 성행했던 코딩도 AI를 이용하면 불과 수분 만에 만들어 내고, 창조적인 영역이라고 할 수 있는 예술(음악, 미술 등)마저 AI 기술이 대체할 수 있는 시대다. 주입식 학습으로 누가 더 많이 알고 있는지 줄 세우고 평가해 낙오자를 떨어뜨리는 기존 교육 시스템은 한계에 달했다. AI 시대 교육 방향은 인재를 '가려내는' 시스템이 아니라

---

[10] Weekly Active User, 특정 기간(주로 7일) 동안 앱이나 서비스를 1회 이상 사용한 고유 사용자의 수를 의미한다.

AI 시대가 원하는 인재를 '길러 내는' 방식이 바람직하다.

이와 함께 'AI가 아이들을 대신해 사고하지 않도록 해야 한다'라는 명확한 원칙도 제시할 수 있어야 한다.

로봇, AI 기술 개발 등 미래 과학기술에 총력을 기울이고 있는 중국은 2025년 5월 'AI 교육 활용 지침'에 "초등학생은 생성형 AI 도구를 독자적으로 사용할 수 없으며, 교사는 AI를 수업 보조에 한정해야 한다"고 명시했다. AI를 학습 보조 도구로 활용해야지, 인간의 사고력과 판단력까지 대체하도록 해신 안 된다는 이유에서다. 그러면서 AI 리터러시와 혁신적 사고, 비판적 사고, 인간과 AI의 협업 기술 등을 강조했다.

그렇다면 AI 리터러시와 혁신적, 비판적 사고는 어떻게 길러질 수 있을까. 이는 AI 시대에 돌입한 모든 나라가 마주한 문제다. 계산기를 사용할 때 입력값을 넣어야 답이 나오는 것처럼 AI도 어떤 입력값을 넣느냐에 따라 출력값이 달라진다. 'AI에 밀릴 것인가, AI를 부릴 것인가'의 차이는 여기에서 나온다. 비판적인 사고와 판단력, 표현력, 혁신적이고 창의적인 사고는 'AI에게 어떤 질문을 할 수 있는가'에서 시작된다. 결국 '문해력'이다. '읽고, 쓰고, 말하기'를 통해 자신의 생각을 논리적으로 풀어내는 표현력이 AI 시대에 더욱 중요해질 것이다. 문제는 이 능력이 단기간에 길러지지 않는다는 점이다. 국어 시험 성적이 하루아침에 오르지 않듯, '읽고 쓰고 말하는' 힘은 오랜 시간의 훈련이 필요하다.

　　　　　AI 시대 엄마가 먼저 알아야 할 최상위 공부법

수능의 절대평가와 서·논술형 확대를 준비하는 방법

대학 입시에서도 변화의 조짐이 뚜렷하다. 대한민국 교육 정책의 컨트롤타워를 맡고 있는 국가교육위원회(이하 국교위)에서는 2028~2037년 중장기 국가 교육 발전 계획을 논의하고 있다. 중장기 국가 교육 발전 계획은 10년 단위 계획으로, 여기서 마련된 안은 2032~2033학년도 대입부터 적용될 가능성이 크다. 국교위가 시안을 만들고 확정하면, 교육부와 교육청은 세부 계획을 마련한다. 당초 로드맵이 정치 상황 등의 영향으로 연기됐지만, 핵심은 변화 방향이다.

대통령 소속 행정위원회인 국교위에서는 학제·교원 정책·대학입학 정책 등 중장기 교육 제도에 관한 교육 발전 계획을 세운다. 정파에 관계 없이 사회적 합의에 기반해 '백년지대계'를 짜는 것이 목표다. 지난 1기 국교위에서 대입 난이도 및 유형, 수능 이원화, 고교 내신 평가 방식, 고교 평준화 유지 여부 등을 논의했지만 활동을 마칠 때까지 마무리 짓지는 못했다. 해당 논의는 2025년에 닻을 올린 2기 국교위에서 이어 가고 있다.

2기 국교위도 이제 막 위원 구성을 마치고 출항한 터라, 중장기 대입 개편안에 무엇을 담을지 확정하지는 않은 상태다. 다만, 그동안 전문가 토론회에서 나온 내용을 정리한 '공교육 혁신 보고서'가 공개돼 어느 방향으로 뱃머리를 틀 것인지 정도는 가늠할 수 있다.

등급	등급 구분 점수	등급별 목표 비율(%)
1	80	20
2	70	20
3	60	20
4	50	20
5	50점 미만	20

핵심은 '수능·내신 절대평가'와 '서·논술형 평가 확대'다.

수능은 5등급 절대평가로 전환한다. 기존 수능에서 9등급 상대평가(국어, 수학, 탐구과목), 9등급 절대평가(영어, 한국사)로 나뉜 구간을 모두 5등급 절대평가로 바꾼다. 원점수 80점 이상이면 1등급이다. 난이도는 수능 영어와 한국사 시험에 맞춰 시행하도록 제안했다. 사교육 문제 해결을 위해서도 킬러 문항처럼 교육 과정 수준을 벗어나는 고난도 문항 출제는 지양해야 한다고 봤다. 그러면서 궁극적으로 수능을 '자격고사'화할 필요가 있다고 했다.

내신도 수능과 동일한 5등급 절대평가를 실시한다. '성적 부풀리기' 우려에 대해서는 1등급 비율을 상위 30%, 2등급을 상위 50%로 하한선을 설정하자고 제시했다.

수능과 정시를 통합해 고등학교 3학년 2학기 학사 운영을 정상화하는 방안도 내놨다. 정량 평가 방식의 '가'군, 정성 평가 방식의 '나'군으로 구분한다.

■ **수시·정시 통합 운영**

<가>군	<나>군
<가군-1> 교과전형 <가군-2> 수능전형 <가군-3> 교과+수능전형	<나군-1> 학생부+수능 종합평가 <나군-2> 학생부+수능 종합평가+ 면접

현행 서울 지역 16개 대학에 대한 정시 40% 선발을 규정하고 있는 지침은 폐지한다는 내용도 있다. 그만큼 수능에 힘을 빼겠다는 뜻이다.

수능의 '오지선다형 평가 방식'도 변곡점에 왔다고 봤다. 그러면서 제안한 것이 서·논술형 평가다. 수능에서 서술형 문제를 도입하면 현행 대학별 논술 전형은 폐지하자고 했다. 지금처럼 수능 최저 등급을 요구하는 대학별 논술 전형은 사교육의 온상이 됐다는 이유에서다.

이런 맥락에서 최근 국가교육위원회 수장의 발언을 살펴보면 대입과 교육 개혁에 대한 구상을 엿볼 수 있다. 차정인 국가교육위원장은 2026년 신년사와 언론 인터뷰에서 극심한 대입 경쟁의 문제점에 공감하며, 오지선다형 시험에 '올인'하는 나라는 OECD 회원국 중 한국밖에 없다고 지적했다. 그러면서 "본격적인 AI와 첨단 과학기술의 시대를 살아갈 학생들에게 필요한 것은 더 많은 지식 축적이 아니라 한 사람의 인격체로서 생각하는 힘, 질문하는 힘, 선택하는 힘"이라고 강조했다.

현재 대입제도 개편을 위해 국가교육위원회 내에 구성된 특별위원회의 위원들 역시 내신 평가에서 전면적 서·논술형 도입에 대해 많은 관심을 가지고 적극 검토할 생각을 갖고 있다고 한다. 또 일선 교육청에서 도입한 AI 평가 시스템과 시행 결과를 검토해 논의에 참고할 생각이라고 한다.

2028~2037년에 적용될 10년 단위 중장기 국가교육발전계획은 국가균형발전, 저출생 고령화, AI 대전환 등 국가교육 의제와 연계해 세우겠다고 했다. 중장기 국가교육발전계획은 2026년 내 시안이 발표되고, 이후 내년도 2027년 3월 확정을 목표로 준비 중이다.

이처럼 30년 넘은 수능은 AI 시대에 와서야 전환점에 섰다. 앞으로 대입 방향은 어떻게 바뀌게 될까. 문해력을 강조하게 될 대입에서 우리는 어떤 대비를 해야 할까. 교육 전문가들을 통해 들어 봤다.

정답 찾기 그만, 질문하고 표현하는 교육으로

Interview **구연희** (세종시교육감 권한대행, 전 교육부 대변인)

AI 시대가 도래하며 교육 정책을 총괄하는 교육부와 시도교육청들의 발걸음도 빨라지고 있다. 구연희 세종시교육감 권한대행(전 교육부 대변인)은 "AI를 두려워하지 않고 협력할 줄 아는 사람이 AI 시대의 인재상"이라고 말했다. 그는 AI가 맥락을 유추하기보다는 세세한 명령어를 필요로 하기에, 학생들이 "단순한 지식 암기에서 벗어나 비판적으로 읽고, 논리적으로 생각하며, 설득력 있게 표현하는 공부를 해야 한다"고 강조했다.

서·논술형 평가 확대 기조에 대해선 "AI 시대에 필요한 사고력·문해력·소통 능력을 기르는 데 매우 유리한 방식"이라고 평가했다. 특히 핵심은 "독서 교육의 강화"라며, "단순히 책을 많이 읽는 것에 그치지 않고, 책을 통해 사고하는 경험을 해야 한다"고 덧붙였다.

Q. AI 시대, 가장 필요한 역량은 무엇일까요?

A. AI를 바라보는 시각은 '자동차'의 활용과 유사합니다. 좁은 마을에서 농사와 물물교환만으로 살아간다면 자동차가 불필요하겠지만, 더 넓은 세상에서 다양한 일을 수행하려는 사람에게 자동차는 시간을 단축해 주는 강력한 수단이 됩니다.

AI 역시 마찬가지입니다. 우리 학생들이 더 넓은 세상을 바라보고 지금보다 나은 성과를 창출하기를 원한다면 AI를 활용할 준비를 해야 합니다. 특히 10년, 20년 뒤의 미래를 대비해야 하는 교육 분야는 그 어느 곳보다 선제적으로 AI 시대를 준비해야 합니다.

가장 중요한 변화는 AI와의 '협력'이 필수적인 요소가 되었다는 점입니다. AI를 도구로서 잘 활용하고, 나아가 AI와 협업하는 방법을 익히지 못한다면 창의적인 성과를 내기 어려운 시대가 오고 있습니다.

단순히 AI 활용 기술을 익히는 것을 넘어 '사고방식'의 전환이 필요합니다. 현재의 학교 교육은 정해진 하나의 정답을 찾는 데 집중되어 있습니다. 그러나 사회에는 정답이 없는 문제, 혹은 문제 자체가 정의되지 않은 상황이 훨씬 많습니다. 이제는 틀에 갇힌 사고에서 벗어나 열린 사고, 창의적 사고를 지향해야 합니다. 이를 위해서는 서로 다른 생각과 문화를 수용하는 '다양성'과 '포용성'이 필수적입니다. 이질적인 요소가 만날 때 비로소 새로운 창조가 일어나기 때문입니다. 새로운 해결법을 생각해 내야 하는 문제 해결 능력에도 다양성을 포용하는 능력이 필요합니다.

Q. 학교에서도 서·논술형, 토론형 교육이 강화되고 있는데요. 학생들은 어떤 방식으로 공부해야 할까요?

A. 우선 공부의 목표를 '정답 찾기'에서 '질문하고 연결하기'로 전환해야 합니다. 문해력은 단순히 글자를 읽는 기술이 아니라, 텍스트의 맥락을 파악하고 낯선 내용을 내 지식과 연결해 새로운 의미를 재구성하는 '사고 능력'입니다. 따라서 학생들은 국어뿐만 아니라 수학, 과학 등 모든 과목에서 "무엇을 아는가"라는 지식의 결과보다, "어떻게 생각하고, 왜 그렇게 판단했는가"라는 사고의 과정을 설명할 수 있도록 훈련해야 합니다.

특히 AI 시대에는 자신의 생각을 명확하고 논리적으로 언어화하는 능력이 필수적입니다. 사람은 "토스트에 잼을 발라 먹으라"는 말

　　AI 시대 엄마가 먼저 알아야 할 최상위 공부법

만으로도 충분히 통하지만, 맥락을 스스로 유추하지 못하는 AI에게는 "식빵을 꺼내고, 병의 뚜껑을 열어 나이프로 잼을 뜬 뒤 빵에 바르라"고 구체적인 논리로 명령해야 하기 때문입니다. 즉, 모호한 감각이 아닌 정교한 언어로 대상을 제어하는 힘을 길러야 합니다.

이를 위해 구체적으로는 '암기'가 아닌 '탐구와 해석' 중심의 공부를 해야 합니다. 가령 셰익스피어의 〈햄릿〉을 공부한다면, 기존처럼 요약된 줄거리나 인물 관계도를 단순히 외우는 방식은 지양해야 합니다. 대신 원문을 직접 읽으며 작품 전체의 맥락 속에서 상징적 표현이나 대사의 숨은 의미를 스스로 분석해 보는 과정이 필요합니다. 등장인물이 왜 그런 선택을 했는지, 나라면 어떤 결정을 내렸을지 질문을 던지며 인물의 내면과 동기를 다각도로 해석해 보는 것입니다.

나아가 '입력input' 위주의 공부에서 '출력output' 중심의 활동으로 나아가야 합니다. 혼자 책을 읽고 이해하는 데서 멈추지 말고, 자신이 발견한 쟁점을 주제로 친구들과 토론하거나 에세이를 써 보는 것입니다. 문학 작품을 박제된 텍스트가 아니라, 역사적·문화적 맥락 속에서 의미가 살아 있는 논의의 장으로 인식할 때 비로소 비판적 사고력과 해석적 상상력이 길러집니다.

물론 방대한 학습량에 쫓기는 현실에서 이러한 깊이 있는 공부가 쉽지는 않겠지만, 고교학점제 등 변화하는 교육 환경을 적극 활용하여 한 가지 주제라도 깊이 파고드는 경험을 쌓아야 합니다. 정보를 단순히 습득하는 것을 넘어, 지식을 재배치하고 자신의 언어로 세계관을 구축해 나가는 것, 이것이 바로 앞으로의 세상이 요구하는 진짜 공부일 것입니다.

A. 서·논술형 평가는 학생이 정답을 콕 집어 고르는 것이 아니라, 자신의 생각을 직접 다듬어 글로 써 내야 한다는 점에서 AI 시대에 꼭 필요한 사고력과 소통 능력을 키우는 데 매우 유리합니다. 사실 단순한 지식을 빠르고 정확하게 처리하는 일은 이미 AI가 인간보다 훨씬 잘합니다. 따라서 앞으로의 인재는 '얼마나 많이 아느냐'보다 '왜 그렇게 생각하는지를 논리적으로 설명할 수 있느냐'가 훨씬 중요합니다. 서·논술형 평가는 바로 이런 능력을 길러 주는 가장 확실한 방법입니다.

서·논술형 평가를 이야기할 때 프랑스의 대입 시험인 '바칼로레아'를 빼놓을 수 없겠지요(IB에 대한 자세한 내용은 262쪽에서 확인할 수 있다). 이 시험은 달달 외운 지식을 확인하는 게 아니라, 깊은 철학적 고민과 논리적인 글쓰기를 요구합니다. 실제로 2025년에 "우리의 미래는 기술에 달려 있는가?", "진실은 언제나 설득력이 있는가?"라는 문제가 출제되었습니다. 학생들은 이 중 하나를 골라 철학적 개념과 사회적 현상을 엮어 자기 생각을 체계적으로 서술해야 합니다.

물론 바칼로레아도 완벽하진 않습니다. 채점 결과가 가정 환경이나 부모의 언어 수준에 영향을 받는다거나, 학생들에게 과도한 스트레스를 준다는 비판도 꾸준히 제기됩니다. 그럼에도 프랑스가 이 제도를 고수하는 이유는, 이 시험이 존재함으로써 학교 교육이 단순 암기가 아닌 '고등 사고력'을 기르는 방향으로 나아갈 수 있기 때문입니다. 시험이 교육 방식을 결정하는 현실 속에서, 바칼로레아는 학교가 생각하는 힘을 가르치도록 붙잡아 주는 든든한 버팀목 역할을 하는 셈입니다.

AI에게 좋은 질문을 던지고, AI가 내놓은 답이 맞는지 비판적으로 검토하며, 거기서 새로운 의미를 찾아내는 능력은 서·논술형 평가가 훈련시키는 과정과 정확히 맞닿아 있습니다. 넘쳐 나는 정보 속에서 무엇이 중요한지 선별하고 해석하고 비판하는 '문해력'이 중요한데, 서·논술형 평가는 주장에 대한 근거를 대고 논리를 펼치게 함으로써 이 능력을 길러 줍니다.

사실 선생님들도 학교 현장에서 아이들이 생각하는 수업을 하고 싶어 합니다. 하지만 빡빡한 진도와 객관식 시험 일정에 쫓기다 보면, 결국 시험에 잘 나오는 지식을 주입하는 수업으로 되돌아갈 수밖에 없는 게 현실입니다. 수능과 같은 평가 체제가 변하지 않으면, 학교 수업이 사고력 중심으로 바뀌는 데는 분명 한계가 있습니다. 이런 상황에서 서·논술형 평가의 도입은 단순히 시험 문제를 바꾸는 차원을 넘어, 교실 수업의 본질을 근본적으로 변화시키는 결정적인 계기가 될 수 있습니다.

서·논술형 평가 확대는 단순히 글 잘 쓰는 학생을 뽑자는 게 아닙니다. 침묵하던 교실을 생각과 토론, 탐구가 넘치는 곳으로 바꾸자는 거대한 변화의 시작입니다. 평가가 바뀌면 수업이 변하고, 수업이 변하면 학생들의 사고방식이 바뀝니다. 이러한 변화야말로 AI의 도움을 받으면서도 기계에 의존하지 않고, 스스로 판단하고 창조할 수 있는 '미래형 인재'를 길러 내는 단단한 기반이 될 것입니다.

Q. 장기적으로 수능도 서술형 등으로 확대될 가능성이 있다고 보십니까?

A. AI 시대에는 얼마나 빨리 푸느냐보다 어떻게 생각하느냐가 더 중요합니다. 인간이 AI보다 빠를 수는 없기 때문입니다. 그런데 지금의 수능은 변별력을 위해 지나치게 긴 지문을 제시합니다. 좋은 점수를 받는 데에는 복잡한 함정에 대한 문제 적응력, 시험 기술과 시간 관리 능력이 더 중요하게 작용한다는 지적이 있어 왔습니다. 무엇보다 좋은 성적을 얻기 위해 학교 수업이 문제 풀이 중심으로 왜곡될 위험도 있습니다.

이러한 문제의식을 바탕으로 최근 들어 수능의 미래를 둘러싼 논의가 다시 활발해지고 있는 듯합니다. 특히 서·논술형 평가의 확대 가능성이 교육계의 주요 화두로 떠오르고 있습니다. 이는 단순히 평가 방식의 변화가 아니라, 사고력 중심 교육으로 전환하는 것을 예고하는 흐름이라는 점에서 주목할 만합니다.

물론 서·논술형 수능으로의 전면 전환은 단기간에 이루어지기 어렵습니다. 채점의 공정성과 신뢰도 유지, 학교 현장의 부담, 사교육

  AI 시대 엄마가 먼저 알아야 할 최상위 공부법

확산 등 현실적 과제가 많기 때문입니다. 그러나 수능의 한계를 지적하는 목소리가 높은 만큼, 그리고 현재의 교육 방식이 AI 시대에 필요한 인재 양성에 미흡하다는 지적을 받고 있는 만큼 장기적으로 서·논술형 평가의 확대 방향으로 변할 것이라고 생각됩니다.

Q. 서·논술형 평가를 사교육에 대한 부담은 줄이면서 효과적으로 시행할 수 있는 방안이 있을까요?

A. 서·논술형 평가의 진짜 목적은 아이들이 스스로 깊이 생각하고, 그 생각을 글로 표현하는 힘을 길러 주는 데 있습니다. 따라서 사교육에 의존하지 않으려면, 무엇보다 학교 수업과 교육 과정 전체가 단계적으로, 그리고 근본적으로 바뀌어야 합니다.

먼저, 글을 쓰고 생각하는 능력은 학원에서 단기 속성으로 배울 수 있는 기술이 아닙니다. 초등학교 때부터 표현하는 기초를 다지고, 학년이 올라갈수록 생각의 깊이와 넓이를 더해 가는 꾸준한 과정이 필요합니다. 처음에는 단순한 요약과 설명으로 시작해서, 점차 분석하고 비판하며 창의적인 대안을 내놓는 단계로 나아가는 체계적인 교육 과정이 있어야 합니다. 이렇게 초중고 12년을 관통하는 흐름 속에서 자연스럽게 훈련된다면, 대학 입시제도가 어떻게 변하든 학교 교육만으로 충분히 대응할 수 있을 것입니다.

이 과정에서 가장 핵심이 되는 열쇠는 단연 '독서 교육'입니다. 생각하는 힘과 표현력은 결국 머릿속에 들어온 정보와 경험의 양에서 나오기 때문입니다. 하지만 단순히 책을 '많이' 읽는 것에 그쳐선 안 됩니다. 중요한 것은 책을 통해 치열하게 고민해 보는 '생각의 경험' 입니다. 독서는 단순히 글자를 보는 게 아니라 기억하고, 내용을 재구성하고, 종합하고, 추론하며 비판적으로 생각하는 고도의 지적 활동입니다. 따라서 선생님은 학생들이 책을 읽은 뒤, 수준에 맞는 질문을 던지고, 글을 쓰게 하고, 토론을 유도하여 생각이 꼬리에 꼬리를 물고 확장되도록 이끌어 줘야 합니다.

문제는 우리 아이들이 공부 시간은 세계 최장 수준인데, 정작 혼자 생각하고 정리할 '출력의 시간'은 턱없이 부족하다는 점입니다. 학교와 학원을 오가며 쉴 새 없이 지식을 집어넣기만 해서는 깊은 사고력이 자라지 않습니다. 서·논술형 평가가 도입됐는데 학원에서 모범 답안 템플릿을 달달 외우는 형태가 된다면, 이 제도의 본래 취지는 사라지게 됩니다. 결국 학교 수업 시간 내에서라도 학생들이 충분히 생각하고, 글을 쓰고, 치열하게 토론하는 경험을 보장해 줘야 하며, 학교 공부만으로도 평가 준비가 가능하도록 교육 과정을 짜야 합니다.

또한, 이 평가가 전국 단위로 치러진다면 방식과 범위에 대해 꼼꼼히 따져 봐야 합니다. 인문학적 소양을 묻는 공통 시험으로 할지, 과목별로 심화된 서술형 문제를 낼지, 자료를 분석하는 능력을 볼지 등에 대해 사회적 합의와 전문가들의 연구가 선행되어야겠죠.

무엇보다 중요한 건 선생님의 수업과 평가 전문성입니다. 수업이 바뀌면 평가도 바뀔 수 있으니까요. 최근 일부 교육청에서 AI를 활용해 서술형 채점을 시도하고 있는데, 공정성을 높이는 데 긍정적인 역할을 할 것입니다. 그래서 AI와 선생님의 지혜로운 협업이 필수적입니다. 결과적으로 평가 기준의 철학을 이해하고, 학생의 글과 말의 행간에 담긴 사고 과정을 읽어 내는 것은 선생님만이 할 수 있는 전문 영역이기 때문입니다.

Q. 전국 시도교육청에서 속속 IB(국제 바칼로레아)를 도입하고 있습니다. 이런 흐름이 확산될 것으로 보시는지요?

A. 전국 시도교육청에서 IB 교육 과정이 활발히 도입되고 있는 배경에는 사고력과 비판적 사고, 글쓰기 중심의 학습으로의 전환이라는 시대적 요구 때문입니다. 그중에서도 IB 과정이 주목받는 또 다른 이유는 교사의 평가 전문성assessment literacy을 제도적으로 강조하기 때문입니다. IB는 교사의 역할을 단순히 '지식 전달자'로 여기지 않습니다. 학습과 평가를 설계하고, 학생의 사고 과정을 분석하며, 평가를 학습의 일부로 통합하는 전문가로 규정합니다. 이를 위해 IB 본부는 교사에게 체계적인 연수 및 인증 프로그램을 제공하며, 교사는 그 과정에서 평가의 철학, 기준, 루브릭 설계 방법, 서·논술형 과제의 채점 신뢰도 확보 방식 등을 심도 있게 학습하게 됩니다.

실제로, IB를 운영 중인 국내 시도교육청에서도 교사의 평가 전문성 함양을 위한 연수와 워크숍이 활발히 진행되고 있습니다. 이러한 움직임은 단순히 IB 프로그램의 운영에 그치지 않고, 우리나라 교사

전반의 평가 역량 강화와 서·논술형 평가의 정착에 기여할 것으로 기대합니다. 향후 수능을 비롯한 국가 수준 평가가 서·논술형 중심으로 재편될 경우, 이와 같은 교사 연수 경험과 IB형 평가 문화를 내재화한 학교 현장이 제도 전환의 과정에서 중요한 완충지대이자 선도적 역할을 수행할 것입니다.

독서 이력서,
우리 아이 최고의 '스펙'이 된다

Interview **김영호** (국회 교육위원회 위원장)

'AI 시대, 수능 개편, 문해력 위기, 조기 영어 사교육 논란까지…' 교육 현안을 둘러싼 긴장이 최고조로 치솟은 시점에 국회가 '독서 국가'를 선포하고 AI 시대에 맞는 교육 패러다임 전환에 나섰다. 단순한 독서 장려 캠페인이 아니라 유치원부터 고등학교, 나아가 지역사회와 노동시장까지 관통하는 국가 교육·인재 전략의 핵심축이다.

김영호 국회 교육위원회 위원장은 수능과 대입 중심의 경쟁 구조만으로는 AI 시대에 필요한 인재를 길러 낼 수 없다는 문제의식으로 '독서 국가'를 구상했다. 문해력, 창의력, 비판적 사고력, 인문·과학적 상상력, 공동체 감수성 등 AI가 대체하기 어려운 역량은 모두 깊이 있는 독서와 토론을 통해 축적된다는 설명이다. 김 위원장은 'AI 3대 강국' 비전을 실현하는 데에도 독서가 전제 조건이라고 봤다.

     AI 시대 엄마가 먼저 알아야 할 최상위 공부법

교육부도 이재명 정부 업무 보고 자료에서 'AI 시대에 필요한 인간다움을 위한 독서·인문 교육'을 언급하며 '책 읽는 학교 문화' 1,000개 학교를 신규 조성하겠다고 해 앞으로는 학교 내 독서 교육이 강화될 것으로 전망된다. AI 시대에 필요한 질문하는 힘, 비판적 사고력을 키울 수 있도록 '질문하는 학교'도 200개 학교 이상 운영해 '질문 중심 수업'을 실시할 예정이다. 평가 부분에서는 '서·논술형 문항'을 도입, 정답보다 학생들의 생각을 묻는 질문이 많아질 것으로 보인다. 교육부는 이를 위해 2029년까지 서·논술형 평가 AI 학습 데이터를 완료하기로 했다. 양적·질적으로 AI 교육을 강화한 AI 중점 학교도 확대해 2028년 2,000개교를 운영하겠다는 방침이다.

독서 국가는 최근 논의되는 대입 평가 개편 과정에서 빠져 있는 '학교 내 교육 방법'에 대해서도 해답을 줄 것으로 보인다. 교육계에서는 2032학년도 혹은 2033학년도 **수능 서·논술형 평가 도입** 가능성이 나오고 있다. 그러나 평가 변화에 맞춘 교육 계획은 공개되지 않아 학부모 사이에서는 '어떻게 대비해야 하나'라는 막연한 불안감이 조성되고 있다. 독서 국가는 이러한 공백을 공교육 안에서 메우는 데 초점을 맞추고 있다. 정규 교육 과정 속에서 책 읽기·글쓰기·토론을 일상화해 문해력과 창의력, 비판적 사고력을 체계적으로 키우고, 이를 통해 입시제도 변화까지 자연스럽게 뒷받침하겠다는 취지다. 국회 차원에서는 '기초학력 보장법' 개정을 통해 독서 교육을 제도적으로 강화하는 방안도 검토 중이다.

김 위원장은 "독서 교육이야말로 공교육을 다시 되살리고, 아이

들이 AI 시대를 살아갈 수 있는 기본 무기를 키우는 필수 조건"이라
고 했다.

Q. 왜 지금 '독서 국가'여야 할까요?

A. AI가 지식과 데이터 처리를 거의 다 대신해 주는 시대입니다.
그런데 우리의 교육은 여전히 암기와 문제 풀이, 수능 점수 중심에
머물러 있습니다. AI 시대에 필요한 건 깊이 있는 사고력, 창의적인
문제 해결 능력, 복합적인 판단력인데, 이건 시험 대비 문제집으로
길러지지 않습니다. 저는 그 핵심이 '독서'에 있다고 봅니다. 문해력
을 높이고, 상상력을 키우며, 다른 사람의 삶과 생각을 이해하는 가
장 확실한 방법이 책이기 때문입니다.

세계 최고 수준의 문해력이라고 평가받는 핀란드는 국가 차원에
서 국민 문해력 강화 정책을 펴고 있습니다. 어릴 때부터 매일 읽기
습관을 형성한 학생들이 자연스럽게 독서가로 성장하게 됩니다. 싱
가포르도 정부·학교·지역사회가 함께 독서 문화를 확산시킵니다.
미국 역시 다양한 독서 공동체가 뿌리내려 있습니다.

반면 한국은 학생·성인 모두 문해력 지수 하락이 심각하다는 경
고를 받고 있습니다. AI 시대에 대응하고, 글로벌 경쟁력을 갖기 위
해서는 반드시 독서 국가로 가야합니다. '책 읽는 학교―책 읽는 마
을―책 읽는 도시'로 발전하는 것이 독서 국가의 지향점입니다. 학
교가 시작하고, 가정과 연계하고, 지역과 연결되는 과정을 통해 독

서 국가가 단계적으로 실현될 것이라 기대합니다.

A. 지금 유아 교육 현실을 보면 이른바 '4세 고시, 7세 고시'라고 불릴 정도로 레벨 테스트가 난무합니다. 만 3~5세 아이들까지 시험 봐서 반을 나눕니다. 그 결과가 부모 불안과 사교육 과열로 이어지고 있습니다. 이걸 규제만으로는 못 막습니다. 교육 환경 자체를 다른 방향으로 설계해야 합니다. 그래서 제안한 것이 '독서 유치원'입니다. '조기 영어' 대신 '조기 독서'가 대안이 될 수 있다고 생각합니다.

한국유치원연합회도 긍정적이었습니다. "아이들을 책에 친숙하게 만들고 싶다"라는 원장·교사들의 요구가 많았습니다. 취지는 책을 놀잇감처럼 가까이 두고, 구연동화·책 놀이·역할극과 같은 프로그램을 통해 '책과 노는 아이'로 키우자는 겁니다.

학부모가 영어 유치원을 보내는 이유는 유아기부터 영어를 배워야 입시에 유리하다고 판단하기 때문입니다. 어릴 때부터 영어에 노출되고, 영어로 소통해야 그나마 모국어처럼 영어로 말하고 듣고 쓸 수 있는 역량을 갖출 수 있다고 믿습니다. 조기에 영어를 마스터하고 수학에 몰두해야 좋은 성적을 거둘 수 있고, 그래야 의대 진학을 할 수 있다는 나름의 전략적 판단을 하는 겁니다.

하지만 이 전략은 더 이상 유효하지 않을 겁니다. AI가 일상화되면서 언어 장벽은 기술적으로 얼마든지 해결할 수 있습니다. 앞으로 영어 경쟁력은 점점 더 줄어들 것입니다. 반면, 대학 입시에서 영어보다는 국어의 중요성이 훨씬 더 커졌습니다. 국어 과목만이 아니라 모든 과목에서 문해력이 갖춰지지 않으면 좋은 성적을 기대하기 어렵기 때문입니다.

문제를 읽고 해석할 수 있는 문해력은 단기간에 체득할 수 없습니다. 오랜 기간 책을 읽고, 생각하고, 토론하는 과정을 통해 나이테가 새겨지듯 켜켜이 쌓이는 역량입니다.

영어 유치원보다 독서 유치원에 보내는 것이 아이들 성장에 유익하고, 입시에서도, 향후 사회생활에서도 유리하다면 영어 유치원 광풍은 자연스럽게 사그라들 것입니다.

제 목표는 교육위원장 임기 안에 독서 유치원, 독서 중점 초등학교, 독서 중점 중학교를 시범 운영하고, 이후에 제도화하는 것입니다. 이 과정에 가칭 '북마스터' 같은 인력을 투입해, 아이들과 책 놀이·구연동화·집단 토론을 이끌 수 있게 하면 투자 대비 효과가 매우 클 것이라고 보고 있습니다.

Q. 유치원에서 시작한 독서가 초중고 교육과는 어떻게 연결됩니까?

A. 핵심은 '생애 주기별 독서 설계'입니다. 먼저, 독서 유치원에서는 책과 친해지는 경험을 충분히 쌓게 합니다. 성적이나 시험과 전혀 무관하게, 책을 재미있는 친구로 느끼게 만드는 단계입니다. 그다음, 독서 중점 초등학교에서는 본격적으로 문해력을 키웁니다. 교

　　　　　　　　　　AI 시대 엄마가 먼저 알아야 할 최상위 공부법

과와 연계한 독서, 책 기반 토론 수업을 통해 읽기·쓰기·말하기 능력을 기르는 거죠. 이후 독서 중점 중학교에서는 지금의 자유학기제를 '독서 학기제'로 전환하는 방향을 고민하고 있습니다. 자유학기제가 사교육 집중 시기로 변질된 만큼, 이 시기를 '시험 부담 없이 1년 동안 다양한 분야의 책을 읽고 토론하는 시간'으로 바꾸자는 것입니다. 책 30권을 정해진 틀대로 '시험 대비'를 위해 읽는 게 아니라, 진로와 흥미, 적성에 따라 폭넓게 읽도록 해야 합니다. 이 과정에서 아이들이 읽은 책은 모두 '독서 이력서' 형식으로 데이터베이스화하고 이를 바탕으로 고교학점제·진로 상담과 연계하는 것이 다음 단계입니다. 예를 들어 역사나 철학책을 많이 읽은 아이에게는 인문·사회 계열 심화 과정을, 과학·기술 관련 책을 즐겨 읽은 아이에게는 이공계 심화 과정을 권유하는 식입니다. 지금 고교학점제에서 논란이 되는 것 중 하나가 '다양한 과목 개설이 어렵다'라는 점입니다. 독서 이력이 기초 데이터가 되면, 학교가 어떤 과목을 열어야 할지, 각 학생에게 어떤 과목을 추천해야 할지 훨씬 명확해질 것입니다.

저는 독서가 현재 입시 교육의 방향을 근본적으로 변화시킬 수 있을 것이라 기대합니다. 절대 조급하게 성과를 내려고 무리하면 안 됩니다. 유아기부터 초등학교 중심으로 교육의 변화를 중점적으로 시행하며 토대를 다져야 합니다. 변화가 시작되고 교육 주체인 선생님과 학생들이 새로운 방향에 공감대가 형성된다면, 자연스럽게 대입 전형의 방법도 인재 선발 기준도 바뀔 것이라고 생각합니다.

Q. '독서 국가'가 실제로 사교육을 줄이는 데 도움이 될까요?

A. 저는 독서야말로 공교육을 바로 세우고 사교육 부담을 줄이는 가장 현실적인 방법이라고 생각합니다. 영어·수학은 누군가가 기술을 가르쳐 줄 수 있습니다. 그래서 학원이 파고들 여지가 큽니다. 하지만 독서는 다릅니다. 책 읽기는 결국 아이 스스로 해야 하는 행위입니다. 독서 유치원을 거쳐 책을 좋아하게 되면 나중에는 굳이 누가 시키지 않아도 스스로 책을 찾게 됩니다. 이 단계에 이르면 독서 영역에 사교육이 들어와도, 영향력이 제한적일 수밖에 없습니다. 논술 학원이 글쓰기 기술을 가르칠 수는 있지만, '책을 실제로 많이 읽은 아이'와 '요약 요령만 배운 아이'는 논술의 깊이에서 차이가 날 수밖에 없습니다. 공교육 안에서 교과 연계형 독서 교육이 촘촘히 자리 잡으면 굳이 학원을 찾을 이유는 줄어듭니다. 당연히 일부 특화 학원은 남겠지만, 지금처럼 '학교에서는 안 하니까 학원이라도 보내야겠다'라는 불안은 줄일 수 있다고 봅니다. 학원은 영어·수학 등 기술 중심 영역으로 남고, 독서는 공교육이 주도하는 것이 바람직하다고 생각합니다.

Q. 최근 논의되는 수능 서·논술형 평가와 '독서 국가'는 어떤 관계입니까?

A. 저는 독서 국가를 입시 도구로만 보지 않았으면 합니다. 지금 교육계가 수능 절대평가냐 상대평가냐, 서·논술형을 얼마나 도입하

느냐에만 매달리는 경향이 있는데, 그걸 조금 바꿨다고 해서 교육 개혁이 이뤄지지는 않습니다. 다만, 유치원부터 중학교까지 생애 주기별 독서 과정을 충분히 거치면 이야기가 달라집니다. 어릴 때부터 꾸준히 책을 읽고 생각을 정리해 온 아이들은, 자연스럽게 서·논술형 평가에 대응할 수 있는 힘을 갖게 됩니다. 지금처럼 책을 거의 읽지 않은 상태에서, 고등학교 때 특정 책 몇 권을 '수능 대비용'으로 지정해 읽히는 방식과는 근본적으로 다릅니다. 저는 대학·교육부·국가교육위원회가 중장기적으로 독서 이력서를 활용한 신발 방식 등을 충분히 검토할 수 있다고 봅니다. 결국 "독서를 많이 한 아이는 공부를 잘할 수밖에 없다"라는 것은 학부모들이 이미 체감하는 사실입니다. 지식뿐 아니라 도덕성, 균형 감각, 경제 감각까지 책 안에 녹아 있기 때문입니다. 다만 독서를 또 하나의 경쟁 영역으로 만들기보다는, 교육 환경 전체를 독서 중심으로 재구성하자는 쪽에 방점을 찍고 있습니다.

Q. 정부가 말하는 'AI 3대 강국' 비전과, '독서 국가'는 어떻게 연결됩니까?

A. 저는 AI 시대의 핵심은 기술 자체보다 'AI를 잘 활용하는 사람'이라고 생각합니다. AI를 개발하는 과학자, 엔지니어 분야는 세계 3위권을 목표로 삼을 수 있겠지만, AI를 활용하는 국민의 수준은 세계 최고를 목표로 해야 한다고 봅니다.

AI가 대체할 수 없는 '깊이 있는 사고'와 '통합적 문제 해결 역량'이 있어야 기술에 종속되지 않고 거꾸로 기술을 주도할 수 있습니다. 그 기반이 바로 독서입니다. 국민 전체의 독서 수준, 문해력, 비판적 사고력이 높아지면 한국은 AI를 가장 잘 활용하는 나라가 될 수 있습니다.

다만 학생들이 학창 시절에 책과 생각에 온전히 집중할 수 있으려면 노동시장 개혁이 필요합니다. 지금처럼 '명문대 → 대기업 → 전문직'만이 안정된 삶으로 연결되는 구조에서는, 부모와 아이 모두 입시에 매달릴 수밖에 없습니다. 그래서 저는 오래 전부터 '노동 개혁 없이는 대한민국 교육은 한 발짝도 못 나간다, 수능만 고쳐서는 교육 개혁이 안 된다'고 말해 왔습니다. 명문대에 가지 않아도, 대기업에 들어가지 않아도, 열심히 일하면 차별받지 않고 살 수 있는 사회를 만드는 것이 진짜 교육 개혁입니다. 독서 국가는 이런 구조적 개혁 속에서 교육을 정상화하는 하나의 축입니다. 앞으로 국가교육위원회가 노동시장 개혁, 대학 구조 개선, 지역 대학 육성, 그리고 독서 국가 설계까지 한꺼번에 묶어 중장기적으로 설계해 주기를 기대하고 있습니다.

Q. '한국 스타일의 KB 교육 과정' 가능성도 언급하셨습니다. 어떤 그림으로 구상하고 계신가요?

A. 저는 제주도의 IB(국제 바칼로레아) 도입 학교들을 방문하면서, 토론·프로젝트·에세이 중심 수업이 공교육을 얼마나 활기차게

만들 수 있는지 직접 봤습니다. 학부모와 교사, 학생들의 만족도가 모두 높았습니다. 그 경험을 토대로 한국형 IB, 일종의 'KB 교육 과정'을 국가 차원에서 만들 수 있다고 생각합니다. 독서와 토론, 글쓰기, 프로젝트 학습을 중심에 놓고, 우리 교사와 학생, 교육 과정에 맞게 설계하는 겁니다. 생애 주기별 독서 국가 구상이 어느 정도 자리를 잡으면, 중고등학교 단계에서 토론·논술·프로젝트형 수업을 확장하는 KB 교육 과정으로 자연스럽게 이어질 수 있습니다. 독서를 기반으로 하고, 그 위에 토론·글쓰기·탐구 활동을 쌓아 올리는, 한국형 'KB 교육 과정'이 국가 차원의 새로운 표준이 될 수 있다고 보고 있습니다.

Q. 학부모 입장에서 가장 궁금한 건 '집에서 무엇을 해야 하느냐'일 것 같습니다. 어떤 조언을 해주시겠습니까?

A. 제가 여러 교육 사례를 보면서 얻은 결론은 의외로 단순했습니다. "좋은 부모는 본인이 먼저 책을 읽는 부모다." 제가 존경하는 한 원로 정치인은, 집안에서 자녀들을 모두 뛰어난 학자로 키워 냈습니다. 제가 "어떻게 그렇게 아이들을 키우셨냐"고 묻자, 답은 두 가지였습니다. "부모가 늘 책을 가까이했다. 집안에 싸움 소리가 나지 않도록, 아이 앞에서 서로를 존중하고 사랑하려고 애썼다." 아이들은 말로 가르치는 것보다 부모의 뒷모습을 보고 배우는 존재입니다. 부모가 스마트폰만 들여다보면서 "책 읽어라"라고 말하면 설득

력이 없습니다. 반대로 거실에 앉아 책을 읽고 있는 부모의 모습이 반복되면 아이는 "책 읽는 게 당연한 일"이라고 자연스럽게 받아들입니다. 저도 아이를 키우며 느낀 점이 '게임 시간을 줄이려면 게임을 막는 것이 아니라 그보다 더 매력적인 세계를 열어 주어야 한다'는 것이었습니다. 아이가 빠져들 '더 좋은 세계'를 책으로 만들어 주면 됩니다. 그래서 저는 독서 국가의 마지막 출발점도 학교가 아니라 가정이라고 생각합니다. 국가와 학교가 생애 주기별 독서 시스템을 설계하고, 지역사회가 도서관·독서 마을을 만들어 주고, 그 위에 부모가 먼저 책을 읽는 모습을 보여 줄 때, 비로소 독서 국가는 완성될 것입니다.

토론은 사회 과목에서 출발하자

Interview **이덕난** (국회 입법조사처 교육문화팀장, 전 대한교육법학회 회장)

이덕난 국회 입법조사처 교육문화팀장은 '서·논술형=시험 기술'이 아니라, 읽고 이해하고 말하고 쓰는 전 과정을 아우르는 문해력 교육의 한 도구가 될 수 있다는 데에는 동의했다. 다만 평가를 먼저 바꾸면 아이들은 또다시 점수 잘 받는 요령만 배우게 된다고 우려했다. 그는 AI 시대 문해력의 핵심을 '편향된 정보 속에서도 균형 있게 읽고, 타인의 관점을 이해하며, 내 생각을 조리 있게 말하고 쓰는 힘'으로 정의한다. 이 과정의 출발점으로 토론 수업을 제안하며 "전 과

　AI 시대 엄마가 먼저 알아야 할 최상위 공부법

목 일괄 도입이 아니라 사회과부터 제대로 토론·논술을 해 보자”고
말했다.

Q. 향후 학교 교육과 대입에서 서·논술형 평가가 확대될 가능성이 큽니다.
서·논술형 평가의 장점은 무엇이라고 보십니까?

A. 서·논술형이 왜 등장했는지를 먼저 봐야 합니다. ‘앞으로 사
회가 어떤 역량을 필요로 하느냐’를 고민하다 보니, 자연스럽게
서·논술형 논의가 나온 거라고 봐야죠. 이미 우리는 일상생활이나
직장에서 단순히 지식을 많이 아는 사람보다, 글을 잘 읽고 해석하
며, 자신의 생각을 정확하게 표현할 수 있는 사람이 필요한 사회에
살고 있습니다.

여기에는 두 가지 측면이 있습니다. 하나는 내 생각을 정확하게
표현하는 능력이고, 다른 하나는 상대와의 관계를 고려하면서도 내
가 목표로 하는 바를 이루기 위해 말하고 설명하는 능력입니다. 솔직
하게 말하는 것과 정확하게 전달하는 것은 다릅니다. 감정은 있는데
표현이 안 돼서 역량을 제대로 발휘하지 못하는 경우도 많습니다.

저는 고등학교를 졸업하고 대학보다 직장을 먼저 다녔습니다. 매
장에 취업했는데 손님이 정말 많은 곳이었어요. 그런데 “어서 오세
요”라는 말이 입에서 안 나왔습니다. 인사만 하면 되는데, 그 한마디
가 안 돼서 굉장히 힘들었죠. 이건 단적인 예지만, 자기 생각이나 의
사를 정확하게 표현하지 못해 능력을 발휘하지 못하는 사례는 군대,

회사, 국회, 공무원 사회 어디에나 있습니다. 브리핑을 잘하는 것도 굉장히 중요한 능력이지요.

AI·온라인 환경이 가속화되면서 이런 문제는 더 심각해지고 있습니다. 얼굴을 보지 않고 글로만 소통하니 작은 표현 하나가 오해를 낳고 감정이 격해지면서 갈등이 커지기도 합니다. 그런 일이 벌어지는 것들도 사실은 우리가 자신의 생각을 잘 표현하거나 전달하지 못해서 생기는 일입니다. 결국 이런 문제의 뿌리를 따라가 보면 읽고 해석하는 힘, 즉 문해력으로 돌아옵니다. 문해력은 잘 읽고 이해하는 능력이 기본이고, 그 위에서 자신의 생각을 상황에 맞게 표현하는 힘으로 이어집니다.

그래서 저는 서·논술형 평가 논의의 취지 자체에는 공감합니다. 이 역량은 지금도 중요하지만, 앞으로는 더 중요해질 것이기 때문입니다.

Q. 교육 당국은 '학생들이 AI 시대에 필요한 질문하는 힘, 비판적 사고력을 함양할 수 있도록, 질문 중심 수업과 서·논술형 평가 확대' 계획을 내놓았습니다. 평가를 바꾸면 비판적 사고력이 길러질까요?

A. 바로 그 지점이 가장 큰 고민입니다. "평가를 도입하면 아이들의 문해력이 길러지느냐"라는 질문을 반드시 해 봐야 합니다. 대학에서는 평가 제도를 바꾸면 어느 정도 변화가 생길 수 있습니다. 학생이 그에 부합하는 해당 과목 이수를 늘리면서 점수를 더 받을 수

   AI 시대 엄마가 먼저 알아야 할 최상위 공부법

있는 구조가 작동하니까요. 하지만 초중고 학생들에게도 같은 논리가 적용될까요? '평가를 바꾸면 학교 교육도 바뀌고, 결국 아이들 역량도 따라올 것이다'라는 전제가 깔려 있는데 이는 다소 위험하다고 봅니다.

그 전에 먼저 따져 봐야 할 게 있습니다. 지금 학교가 아이들의 문해력을 충분히 길러 줄 수 있는 여건과 역량을 갖추고 있느냐는 질문입니다.

개혁을 할 때는 흔히 "반걸음 정도 앞서가는 게 좋다"고 합니다. 한두 걸음을 확 앞서가 버리면 뒤에 있는 사람들은 따라오지도 못하고 낙오자가 됩니다. 평가 제도만 빠르게 바꾸면 학교는 쫓아갈 수 없고 부모와 학생은 필연적으로 사교육을 찾게 됩니다. 더 어린 시기부터 조기 사교육이 시작되겠지요. 그래서 저는 평가만 앞서가는 서·논술형 확대는 오히려 부작용이 더 클 수 있다고 봅니다.

Q. 서·논술형 수업과 평가가 실제로 가능하려면, 무엇이 먼저 바뀌어야 할까요?

A. 핵심은 교사, 교육 과정, 시간입니다. 우리가 흔히 말하는 서·논술형은 한 문장이 아니라, 여러 문장으로 이루어진 한 문단 이상을 스스로 구성하는 것입니다. 더 나아가면 에세이고, IB 과정에서 말하는 형태로 이어집니다. 그런데 국어 교사라고 해서 모두 서·논술형을 잘 가르칠 수 있는 건 아닙니다. 국어를 잘 가르치는 것

과 서·논술형을 잘 가르치는 것은 다른 문제입니다. 다른 과목 교사들도 마찬가지입니다. 기본 역량은 있지만 준비와 연수, 연구가 반드시 필요합니다. 그래서 저는 교육지원청 단위로라도 서·논술형 교육과 평가를 전문적으로 지원하는 수석교사 체계가 필요하다고 봅니다. 이런 준비에는 최소 몇 년의 시간이 필요합니다.

또 하나 중요한 점은 서·논술형 수업이 국어 시간에만 머물러서는 안 된다는 겁니다. 수학, 과학, 기술, 사회 등에서도 텍스트를 읽고, 토론하고, 자신의 생각을 글로 써 보는 활동이 자연스럽게 이뤄져야 합니다. 과학 시간이라고 해서 실험만 하는 게 아니라, 과학과 관련된 글을 읽고 토론하는 수업이 필요합니다. 이런 수업 경험이 쌓여야 나중에 서·논술형 평가도 의미를 갖습니다.

그런데 지금은 거꾸로 가고 있습니다. 평가 제도부터 도입하고, "대입에서 불이익을 당하지 않으려면 알아서 따라오라"는 식입니다. 그 결과는 뻔합니다. 소수의 학교와 교사, 소수의 학부모만 대응하고, 나머지는 학교 밖에서 이뤄지게 되는 것이죠.

Q. AI를 활용한 서·논술형 채점에 대해서는 어떻게 보십니까?

A. 저는 현재 단계에서 AI 채점에만 학생 평가를 맡기는 것은 위험하다고 봅니다. 반드시 교사가 함께 채점해야 합니다.

AI가 평가를 하면 학교와 학원은 곧바로 'AI 평가 환경에 맞춰 점수를 잘 받는 방법'을 가르치게 됩니다. 아이들은 그걸 또 외우겠지요. 이게 과연 우리가 기대하는 문해력일까요? 저는 그렇지 않다고 생각합니다.

이걸 골프에 비유하면 이렇습니다. 스크린 골프는 컴퓨터가 어떻게 인식하는지만 알면 점수를 잘 낼 수 있습니다. 하지만 필드에 나가면 전혀 다른 실력이 드러납니다. 토익 점수는 높은데 실제 회화는 어려운 경우와도 비슷합니다.

서·논술형에 AI 채점까지 결합되면, 점수는 잘 나오는데 실제로 말하고 쓰고 생각하는 힘은 약한 아이들을 만들어 낼 위험이 큽니다. 학생의 학습 성과와 인생에 큰 영향을 미치는 평가를 AI에게만 맡기는 것은 시기상조입니다. 적어도 초중고 단계에서는 교사가 직접 평가도 반드시 필요합니다.

Q. AI 시대 문해력은 과거와 어떻게 달라졌다고 보십니까?

A. 과거의 문해력은 글, 도표, 그래프를 이해할 수 있느냐가 중심이었습니다. 하지만 지금은 편향된 정보만 소비하는 사람이 문해력이 뛰어나다고 할 수 있느냐는 질문을 해야 합니다.

유튜브와 SNS 알고리즘은 한쪽 정보만 계속 보여 줍니다. 그러다 보니 토론이 안 됩니다. 이런 시대에 문해력은 노동, 경제, 금융, 부동산, 교통, 장애인 인권 등 사회적 쟁점을 다각도로 바라볼 수 있는 힘을 포함해야 합니다.

그래서 저는 사회과가 문해력·서·논술형 교육의 출발점으로 가장 적합하다고 봅니다. 원전과 재생에너지, 환경 정책, 사회적 합의 같은 주제는 문과·이과·예체능을 가리지 않고 모두에게 필요한 사고 훈련입니다. 사회과부터 시범적으로 서·논술형 수업과 평가를 시행해 보고 충분한 준비 기간을 거친 뒤 점진적으로 확대하는 것이 현실적인 방법입니다.

Q. 학부모에게 가장 강조하고 싶은 메시지가 있다면 무엇입니까?

A. 저는 이 말씀을 꼭 드리고 싶습니다. "세상에 공짜는 없다." 부모의 역할은 최소한으로 하면서 아이에게 문해력과 사고력이 길러지기를 바란다면 선택지는 결국 학원뿐입니다. 부모가 먼저 마음을 바꿔야 합니다.

그렇다고 부모가 아이에게 책을 강요하라는 뜻은 아닙니다. 오히려 간섭하지 말고, 시간을 주는 것이 중요합니다. 도서관에 "책 읽으러 가자"가 아니라 "놀러 가자"고 데려가십시오. 거기서 아이가 컴퓨터만 붙잡고 있어도 기다려 주서야 합니다. 질리면 언젠가는 책을 꺼내 봅니다. 그게 한 달이 걸릴 수도, 1년이 걸릴 수도 있습니다.

아이의 책 읽기 효과는 6개월, 1년 안에 점수로 드러나지 않을 수도 있습니다. 하지만 10년, 20년 뒤 진로의 갈림길에서 발현될 수 있습니다. 그건 결코 늦은 게 아닙니다. 투자 부문에서 대부분 큰 성과를 얻는 것은 몇십 년이 걸리는 장기 투자입니다. 자녀 교육도 아이의 미래에 투자한다고 생각한다면 조급할 이유는 없습니다. 아이 인

   AI 시대 엄마가 먼저 알아야 할 최상위 공부법

생은 100년입니다.

문해력과 서·논술형 평가는 단순히 입시를 위한 시험 기술이 아니라, 변화무쌍한 세상에서도 아이들이 평생 일을 하고 삶을 즐기기 위한 힘입니다. 그걸 원하신다면 목표 시한을 좀 더 길게 보고 책과 생각이 머무를 시간을 먼저 허락해 주셔야 합니다.

제도보다 먼저 움직인
문해력 교육 시장

한때는 코딩, 지금은 문해력:
사교육 시장의 이동

학생과 학부모가 학원을 찾는 가장 큰 이유는 '정책 변화에 대한 정보 부족' 때문이다. 교육 정책이 수시로 변하다 보니 예측하기 어렵고, 불확실성은 불안감과 조바심을 낳는다. 정권이 바뀔 때마다, 장관이 바뀔 때마다 교육 정책은 수시로 바뀌었다. 대한민국 사교육 시장은 이러한 교육 정책 변화에 민첩하게 대응하며 성장해 왔다. 한때 유행했던 '코딩 학원'을 보자.

코딩 학원이 성행하기 시작한 때는 2015년으로 거슬러 올라간다.

당시 박근혜 전 대통령은 "대학 입시에 자꾸 부담을 주면 안 된다는 이야기도 중요하지만 입시와 연계되지 않으면 학생들이 잘 배우지 않으려는 경향이 있다"라면서 소프트웨어 교육과 관련해 "절대평가 등의 방법을 써서라도 어떻게든 배우게 하려는 노력이 필요하다"라고 말했다. 대통령이 이렇게 나서자, 수능에 소프트웨어 과목을 포함할 수 있겠다는 해석이 붙었다. '코딩 붐'의 시작이었다.

이후 교육부는 2018년부터 중학교 1학년과 고등학교 1학년 학생을 대상으로 코딩 교육을 의무화한다고 했다. 2019년부터는 초등 5, 6학년 대상으로 확대됐다. 이 발표로 교육 현장에서는 "4차 산업 혁명 시대에 코딩은 필수", "컴퓨터는 제2 외국어"라는 말이 나오며 코딩 교육과 코딩 학원 열풍이 불었다. 정부의 교육 정책이 어떻게 사교육 시장에 영향을 미치는지 단적으로 보여 주는 예다.

최근 상황도 크게 다르지 않다. 요즘 사교육 관련 취재를 하다 보면 어김없이 언급되는 용어가 있다. '7세 고시'다. 유아 대상 영어 학원, 이른바 '영어 유치원'을 졸업한 만 7세 아이들이 초등학교 입학 전에 유명 영어 학원에 등록하기 위해 '레벨 테스트'를 보는데, 고등고시 보듯 매달린다고 해서 붙은 명칭이다. 사교육 시장에서 '영어' 과목이 새로울 것은 없지만, 문제는 연령대가 갈수록 낮아지고 있다는 점이다.

이 역시 정부 정책과 무관하지 않다. 2017년, 영어 부담을 줄이자는 취지에서 수능 영어가 '절대평가'로 바뀌었다. 그런데 내신은 여전히 상대평가로 진행되자, 교육 현장에서는 '수능 영어'와 '내신 영어'를 따로 준비하는 현상이 나타났다. 이후 학생과 학부모 사이에서는 "수능 영어는 선행학습으로 초중학교 때 빨리 끝내고, 고등학교 때는 수학 등 다른 과목에 올인하자"라는 생각이 굳혀졌다. 영어 유치원이 급증하기 시작한 때도 이때다. 2019년 615곳이었던 유아 대상 영어 학원은 2023년 843곳으로 37%나 급증했다. 그렇다면 앞으로 사교육 시장은 어떻게 움직일까.

영어 중심에서
사고력·토론 중심으로 확장되는 시장

"아이들이 〈심청전〉, 〈춘향전〉 같은 기본적인 고전 소설을 읽어도 무슨 얘기인지 잘 몰라요. 유튜브 숏츠 등 미디어 환경 변화로 어휘만 부족한 게 아니라 집중도도 떨어집니다." 서울 노원구 중계동에서 국어 학원을 운영하는 이 모 원장은 "최근 5년 사이 사교육 현장에서 문해력이 키워드로 대두됐다"라고 했다. 이는 코로나19 팬데믹 시기와 맞물린다.

2020년 3월 22일부터 '사회적 거리두기'가 시행되자, 학생들은 개학 후에도 교실로 등교할 수 없었다. 대면 수업은 원격 수업으로 대체됐고, 교실에서 할 수 있는 다양한 수업의 기회를 얻지 못했다. 부족한 학습은 사실상 방치됐다. 원격 수업이 컴퓨터, 태블릿 PC 등으로 이뤄지다 보니 온라인 미디어에도 쉽게 노출됐다. 학습 환경의

급격한 전환은 곧 미디어 소비 습관의 변화로 이어졌다. 아이들이 유튜브에 과몰입해 우려된다는 학부모 사례가 자주 목격된 것도 이 시점이다.

대한의학회가 2021년 6월 초등학생 자녀를 둔 학부모 217명을 대상으로 한 '코로나19 이후 1년 전과 비교했을 때 자녀의 일상 활동' 조사 결과를 보면, 거의 모든 아동(97.2%)이 휴교 기간 동안 온라인 학습 콘텐츠를 이용한 것으로 나온다. 또한 학습 목적 외에 가장 많이 사용한 콘덴츠는 유튜브(87.6%)였디. 이어 78.3%가 게임을 이용했고, 19.8%는 메시지 앱이나 SNS를 사용했다.[11]

앞서 1장에서 설명한 바와 같이 학생들을 대상으로 한 학업성취도평가 결과를 보면 문해력 저하 문제가 얼마나 심각한지 알 수 있다. 교육부와 한국교육과정평가원의 '국가수준 학업성취도평가'에서 중3과 고2 학생들의 2024년 학업 성취 수준은 2020년 대비 눈에 띄게 낮아졌다.

이후 학생들의 문해력은 크게 낮아졌다.[12] 코로나19가 촉발한 학습 공백과 미디어 소비 패턴 변화가 '문해력 저하'라는 구조적 문제로 이어진 셈이다.

이렇다 보니 사교육 시장에서도 자연스럽게 '문해력'에 초점을 맞

---

[11] Journal of Korean Medical Science(JKMS), Parental Mental Health and Children's Behaviors and Media Usage during COVID-19–Related School Closures, 2021.

[12] '중상위권 중고생' 학력수준 줄하락…국어 기초학력 미달률 심각, 연합뉴스, 2025.10.08.

추고 있다. 이들이 문해력을 강조하는 이유는 하나다. "아이들이 문제를 이해하지 못해 답을 구하지 못하는 경우가 늘고 있고, 이는 곧 수능에 영향을 미친다"라는 맥락에서다. 학원가에서는 학원 수요를 창출할 그럴듯한 명분이 새로 추가됐다. 수능 고득점을 위한 수단으로서의 문해력이다. 입시 결과에 목을 메는 대한민국에서 모든 교육의 결과를 수능과 연결시키면 학부모 지갑은 자동 인출기가 된다. 그런 학부모들에게 문제가 어려워서도 아니고 '이해를 못해서 아는 문제도 틀렸어요!'라고 하면 어느 부모가 조바심 나지 않을 수 있을까.

여기에 최근 국어 영역에서 길고 까다로운 지문이 출제되는 경향도 학원 수요를 부채질한다. 학원에서는 이에 대비하기 위해 낯선 비문학 지문을 읽고 풀도록 연습시킨다. 교육 관계자들의 말을 들어보면 수학·경제·과학·기술·철학·논리학 등과 관련된 지문이 나오면 아예 손도 못 대는 아이들이 많다고 한다. 국어가 단순한 언어의 영역을 넘어 '종합 사고력형 교과'로 바뀌고 있지만, 기초 문해력이 약한 학생들에게는 난이도만 높아진 셈이다. 결국 이 격차를 보완하기 위해 학생과 학부모는 학원으로 눈을 돌리게 된다.

교육 현장에서는 "읽고 이해하는 힘을 길러야 수능에 대비할 수 있다"라는 인식이 퍼지면서 국어 학원, 독서·논술·토론 학원 등이 늘고 있는 것으로 파악된다. 학원 관계자들은 "국어 학원뿐만 아니라 독서·논술·토론 관련 교습소, 공부방도 전반적으로 늘고 있고, 단가도 높아지고 있다"고 입을 모은다. 프랜차이즈 A독서 학원을 운영하는 한 모 원장은 "아이들이 원에서 책 읽고 내용을 파악하는 시스템으로 운영하며, 수학처럼 진단평가를 봐서 읽기 능력을 본다"라고 했다. 학원비는 월 15~25만 원선이다. 한 씨는 A독서 학원이 전국에 3,000여 개 있으며, 최근에는 유사 브랜드의 독서 학원도 생겨나고 있다고 했다.

교육 정책이나 방향이 바뀔 때마다 공교육보다 사교육에 의지해 왔던 과거 데이터를 볼 때, 당연한 현상처럼 보이기까지 한다. 그러나 무턱대고 학원만 보낸다고 없던 문해력이 갑자기 생길까. 과연 이 시대에 문해력을 수능 고득점을 위한 수단으로만 보는 것이 올바른 시각일까. 다른 과목과 달리 국어는 '책 읽기'만으로도 충분히 기초능력을 키울 수 있다는 점에서 조바심 낼 필요는 없다. 또한 문해력은 AI 시대를 살아가기 위한 기본 소양 함양 차원이지 언제 사라질지 모르는 '수능'의 점수 따기용으로 바라보는 것은 한계가 있다. 학군지에서 국어·수학 학원을 운영하는 강 모 원장은 "초등학교 저학년을 둔 학부모들에게는 집에서 책 읽기를 많이 시키라고 일러둔다"고 했다. 수학도 문해력이 있어야 가능한데, 글 읽기 기초체력 없이 문제 풀이만 배워서는 한계가 있다는 뜻에서다. 학원 원장이면서도 그의 말은 솔직했다.

"국어·수학 학원을 운영하지만 저도 아직 초등학생인 저희 아이들 학원에 보내지 않아요. 집에서 책만 봅니다."

당장 학원을 다니지 않으면
늦는 걸까?

"첫째는 영어 유치원에 다니면서 한글 수업, 몬테소리를 하고 있는데 월 300만 원씩 나가요. 둘째는 아직 문화센터에 다니고 있는데 내후년에는 두 명에 600만 원 학원비를 쓸 것 같거든요. 앞으로 얼마나 더 들어갈까요?"

3세, 5세인 자녀를 키우는 한 학부모는 "주변에서 영어 유치원에 보내는 경우가 많아 첫째를 보냈지만 아이 둘을 영어 유치원에 보낼 생각하니 지출이 만만치 않다"면서 이런 고민을 털어놨다. 영어 유치원을 졸업하면 학원비 부담이 줄지 않을까 기대하고 있지만 초등학생 자녀를 둔 선배 부모들 답은 다르다. 예체능에 국어, 영어, 수학을 다니면 150만 원은 기본이고 방학에 특강까지 듣게 되면 200만 원 이상이 든다는 것이다. 사립 초등학교라도 보내게 되면 300만 원까지 쓰는 경우도 있다.

사교육에 참여하는 이들을 살펴보면 학원을 한 곳만 다니는 경우는 거의 없다. 일단 사교육에 발을 들였다하면 5~6개는 기본이다. '주 1회' 수업 등 수업 시수가 쪼개져 있고 과목도 한 과목에서 파생된 수업이 여럿 나오기 때문에 한 아이 당 다수의 학원을 다닐 수 있는 구조가 가능해졌다. '수학' 한 과목에서도 사고력 수학, 도형 수학, 연산 집중 등 나뉘어져 있는 식이다. 학령인구는 줄어들고 있지만 사교육비는 천정부지로 치솟을 수 있는 이유도 여기서 나온다.

이런 구조는 수치에서도 확인할 수 있다. 서울 25개 자치구 내 학원·교습소 수는 2만 8,063개인데 각 학원에서 운영하는 교습 과목 수는 33만 9,535개에 달한다. [13] 한 학원당 평균 12개 강의를 개설해 운영하는 셈이다. 이를 학생 수에 접목해서 분석하면 1인당 2개 이상의 수업을 듣고 있다는 계산이 나온다.

한 고교생 학부모는 "아이가 초등학교 때 과학 실험, 학습지, 영어 학원, 수학 학원, 악기 수업 등을 들었다"면서 "학원 5~6개 다니는 게 많은 것 같아도, 영어와 수학을 제외하면 주 1회 수업이어서 가능하다"라고 말했다.

그렇다면 사교육에 참여하는 서울 학생들의 월평균 사교육비는 얼마일까? 평균 78만 2,000원이다. 학원이나 교습소의 과목당 평균 학원·교습비가 학원 34만 5,845원, 교습소 19만 6,319원(상하위 극단값 10% 제외)이라는 점에서 인당 2~3개 과목은 사교육을 받는다는 얘기다.

이런 상황에서 내신과 수능에 서술이나 논술형 문제가 강화된다고 하면 어떻게 될까. 영어에서 시작된 선행 학습이 수학, 국어에 이어 논술·독서·토론 학원으로 퍼져 나갈 것이 자명해 보인다.

2032~2033학년도부터 수능이 서·논술형으로 변경될 수 있다는 얘기가 나오자 학원가는 분주해진 모습이다. 국교위가 2028학년도 이후의 대입제도 개편안을 논의하면서 수능에 서·논술형 평가를 도

---

13 세포분열하는 학원 과목…사교육비 증가 분석해보니, 아시아경제, 2025.05.30.

	국어	영어	수학
2022년	13.0%	10.2%	9.7%
2023년	11.1%	3.8%	11.1%
2024년	10.0%	10.4%	10.0%

국어	영어	수학
4만 2,000원	14만 1,000원	13만 4,000원

자료: 교육부

교육부가 매년 발표하는 사교육비 조사를 보면, 영어와 수학 못지않게 국어의 사교육비가 증가하고 있음을 알 수 있다. 절대적인 사교육비는 영어나 수학이 많지만, 국어는 2022년 전년 대비 13%, 2023년에는 11%, 2024년에는 10%가 증가하는 등 3년 연속 두 자릿수 증가율을 보였다. 문해력과 국어 성적에 대한 학생과 학부모들의 관심을 보여 주는 하나의 지표다

입하자고 한 데에 이어 서울시교육청도 2033학년도 수능부터 서·논술 비율을 30%로 하자고 제안했다. 경기도교육청 역시 2032학년도 수능 절대평가와 서·논술평가 확대를 얘기하고 있다. 게다가 '국어는 다시 태어나도 안 된다'라는 말까지 나오다 보니, 학부모들은 불안하기만 하다.

'입시'라는 정해진 목표 시점을 두고 시간을 쪼개 써야 한다고 생각하는 한국 교육 현실에서 '효율성'은 당연히 중요한 포인트다. 문해력 관련 사교육 시장의 규모가 빠르 커지는 것도 같은 맥락이다.

그러나 '읽고, 쓰고, 말하고, 생각하는' 영역의 문해력은 학원에서 얻을 수 있는 효율성만으로 해결되기 어렵다. 세상을 이해하는 방법과 맞닿아 있는 만큼, 일정 정도의 절대적인 시간도 필요하다. 속전속결식 요령이 통하지 않는다는 얘기다.

다만 간접 경험을 통해 세상을 조금 더 빠르게 익힐 수 있는 방법은 있다. 많은 교육자들이 공통적으로 조언하고, 대부분의 학부모들도 알고 있는 답이다. 바로 독서다.

그래서 다음 장에서는 내용 파악을 위해 문제 풀이 형식으로 익히는 방법이 아니어도 아이들이 자연스럽게 사회를 배우면서 '읽고 쓰고 말하고 생각하는 힘'을 기를 수 있는 방법에 대해 공유하고자 한다.

교육 현장을 취재하면서 교육 전문가들이 한결같이 강조했던 점을 중심으로, 현실에서 문해력 근육을 기를 수 있는 구체적인 실천 방안들을 따로 정리했다.

CHAPTER
3

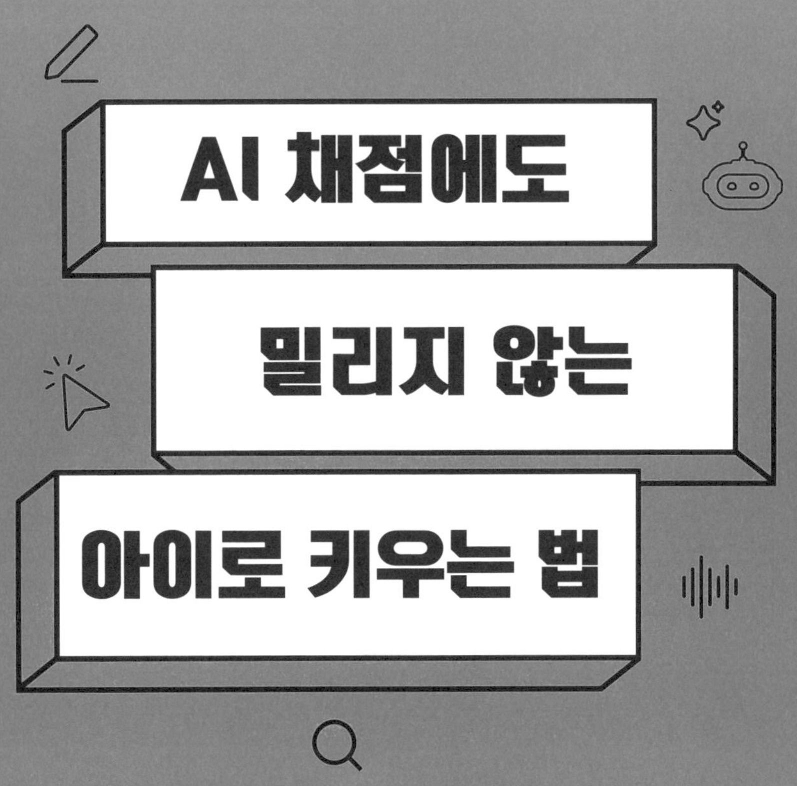
AI 채점에도
밀리지 않는
아이로 키우는 법

점수를 가르는
기본 체력, 읽기

'책 육아' 했는데,
왜 문해력은 그대로일까

그렇다면 이렇게 중요한 우리 아이의 문해력, 과연 '어떻게' 해야 기를 수 있을까. 기를 수 있긴 한 걸까? 타고나는 건 아닐까.

취재 중 만난 많은 학부모들은 말했다. "분명 어릴 때부터 '책 육아'를 했는데 아이가 줄거리 요약을 못해요." "아이가 책 읽을 때 집중력이 부족한 것 같아요." "신생아 시절부터 책을 정말 많이 읽어 줬는데, 정작 아이는 책에 관심이 없어요." 고민은 다양하지만 사실상 두 가지 유형으로 좁혀진다. 영유아기 시절부터 아이를 책에 많

     AI 시대 엄마가 먼저 알아야 할 최상위 공부법

이 노출했는데, 아이가 좀체 책을 읽지 않거나 읽고 나서도 잘 설명하지 못한다는 것이다.

이때 문해력이 글을 읽고 이해하는 능력, 즉 '힘'이라는 것을 부모가 알아야 한다는 점이 중요 포인트다. 문해력은 일종의 '근력'이다. 모든 힘이 그렇듯 타고난 근력가들이 있는가 하면, 반대의 경우 역시 존재한다.

운동의 경우를 한번 생각해 보자. 따로 운동을 하지 않아도 몸에 근육이 알알이 잡혀 있는 사람들이 있다. 이른바 '근수저'들이다. 하지만 그냥 일반 사람이라면? 상황이 다르다. 지방이 많은 몸이라면 식단을 조절해야 하고, 하루 30분이라도 차근차근 운동을 해 나가야 한다. 운동을 당최 어떻게 해야 할지 모르겠다거나, 아무리 해도 근육이 붙지 않는다는 사람들도 있을 것이다. 이럴 땐 전문 트레이너를 찾아가야 한다. 몸을 쓰는 법 자체를 모르는 것이기 때문이다.

문해력도 마찬가지다. 한창 '책 육아'가 유행하며 많은 부모가 전면 책장을 사서 거실을 서재화했다. 책을 아이 앞에 '전시'하는 것이다. 이는 미디어 노출이 최소화된 영유아기 아이들에게는 효과적인 방법이다. 여러 그림이 그려진 책으로 아이들의 흥미를 끌 수 있기 때문이다. 하지만 이미 한글을 깨쳤고, 책보다 더 흥미진진한 미디어가 있다는 사실을 깨달은 아이라면 상황은 달라진다. 그저 책을 집 안에 있는 하나의 '오브제'로 인식하고, 가벼이 보아 넘길지도 모른다.

운동 초보가 운동 기구를 바라본다 하여 당장 운동에 흥미가 생기거나 운동하는 법을 터득하긴 어렵다. 식단을 조절하고(책 고르기), 운동 방법(책 읽는 방법)을 배우고, 배운 내용을 토대로 소화(책 이해하기)해야 한다. 어느 부위에 어떻게 힘을 줄 때 어떤 근육이 발달하는지 완벽히 이해한 후에는 다른 근육에 응용(쓰기, 말하기)도 가능해진다. 그렇다면 대체 어떻게 시작해야 한다는 걸까.

배경지식 많은 아이가 유리하다

　문해력은 단순히 글자를 읽는 능력이 아닌 글의 의미를 깊이 있게 이해하고, 추론하고, 해석하는 등 '비판적 읽기'를 가능하게 하는 능력이다. "김 선비가 과거 시험에서 장원급제를 했다"라는 문장을 생각해 보자. 아이가 조선 시대나 과거 시험에 대한 역사적 지식이 없다면 이 문장은 그저 어려운 단어의 나열일 뿐이다. 하지만 '옛날에는 시험을 치러서 벼슬을 얻었지' 정도의 틀만 있어도 독해가 쉬워진다. '응용'이 가능해지기 때문이다. 이렇게 일종의 '틀'을 마련해 주는 것이 문해력 향상의 '킥'이다.

　정보를 해석할 수 있도록 구조화된 틀은 '스키마schema'라고 말한다. 어려운 용어 같지만, 머릿속에 하나의 책장이 있다고 생각하면 쉽다. 경험하거나 익힌 내용은 나만의 '책'이 돼 그 책장에 꽂힌다. 그렇다면 문해력과 스키마는 어떤 관계가 있는 걸까? 새로운 글이나

　　　　　　　　　AI 시대 엄마가 먼저 알아야 할 최상위 공부법

정보를 해석할 때, 관련된 책을 꺼내서 참고하는 능력이 바로 문해력이다. 하지만 이 책장에 책, 즉 배경지식이 별로 채워지지 않았다면? 당연히 해독이 어려워질 것이다. 그렇기에 문해력과 배경지식은 떼려야 뗄 수 없는 사이다.

이번 장에서는 '책'을 통해 배경지식을 쌓는 방법에 대해 나눠 보려 한다. 배경지식을 쌓기 가장 좋은 매체는 단연 책이다. 1980~1990년대생만 해도 '책은 간접 경험의 통로'라고 배웠을 것이다. 영상매체가 지금처럼 확장되지 않은 시절, 우리는 활자를 읽으며 해외여행을 상상해 보기도, 과거 인물들이 살아가는 모습을 그려 보기도 했다. 글자를 매개로 내 머릿속에 하나의 영화를 만들어 내는 작업이다. 하지만 영상에 익숙한 요새 아이들에게 활자는 어떠한가. 그야말로 답답하기 그지없는 구시대적 매체에 불과하다. 눈으로 직관적으로 보고 들을 수 있는 영상이 있으니 굳이 글자를 읽으며 상상할 필요성을 느끼지 못하기도 한다. 부작용은 확실하다. 활자로 된 단어를 봤을 때, 이것이 무엇을 뜻하는지 즉각 추론, 연상하는 것이 어려워진다는 것이다.

하지만 우리 아이들은 어찌 됐든 활자를 읽어 가며 입시를 치러야 한다. 지문을 보고 머릿속에 구조를 그려 내야 한다. 독서는 이를 연습할 수 있는 아주 쉽고, 좋은 미디어다.

이 외에도 책이 좋은 이유는 차고 넘친다. 먼저 하나의 개념을 설명하더라도 영상보다 다량의 정보를 담을 수 있다. 더 긴 배경 설명도 가능하고, 예시도 많이 들 수 있다. 시간적, 공간적 제약도 적은 편이어서 언제든 빛이 있는 공간에서 펼쳐 들면 읽을 수 있다. 그러니 우선 아이가 읽게끔 만드는 것이 관건이다.

독서는 '양'보다 '습관'이다

책 읽는 아이로 만드는 가장 좋은 방법은 아이에게 '독서 습관'을 만들어 주는 것이다. 원래부터 책을 좋아해 달고 산다면 좋겠지만, 그런 유니콘 같은 아이는 사실 전설 속에서만 존재할 뿐이다. 몸에 좋은 약이 써서 그럴까. '좋은 습관'을 만드는 일은 어른에게도 쉽지 않다. 결국 부모가 나서야 한다.

이제 우리 가족의 하루를 돌아볼 시간이다. 우리 아이는 언제 책을 읽을까? 집에 돌아와 간식을 먹은 뒤 숙제를 하거나 식사를 하고 나면 어찌저찌 시간이 흘러가 벌써 잠자리에 들어야 할 때가 될 것이다. 그 짧은 틈바구니 속 스마트폰을 꺼내 들어 유튜브를 보는 아이들을 보자면 '아, 책 읽혀야 하는데…' 하는 생각이 굴뚝같지만, '숙제하면 스마트폰 한번 하게 해 준다면서요' 등의 논리(?)를 내세우는 아이들 앞에 지기 일쑤다. 어찌어찌 책을 읽는다 해도 부모가 보기엔 '깔짝깔짝', '대충대충'. 그것마저도 얇은 책이나 동화책 등을 보니 부모가 원하는 만큼의 '양'을 채우지 못해 답답할 수도 있다.

이런 아이에게 독서 습관을 만들어 주는 것이 가능키나 한 걸까? 영국 런던대 필리파 랠리 교수 연구팀의 연구 결과에 따르면 습관을

  AI 시대 엄마가 먼저 알아야 할 최상위 공부법

형성하기 위해선 66일의 시간이 필요하다고 한다. 두 달하고도 약 일주일 정도를 매일 하다 보면, 의식하지 않고 자연스레 어떠한 행동을 하게 된다는 것이다. 부모가 작정한다 하더라도, 집안일이든 회사 일이든 하루 종일 일을 한 부모에게 매일 독서를 시키라 이야기하는 것은 쉽지 않음을 충분히 공감한다. 그렇기에 이 책은 정말 현실에서 '실천 가능한' 방법만을 제시하고자 한다.

우리집에만 있는 '오늘의 도서관'

다시 우리 아이가 하원 또는 하교한 뒤의 모습을 생각해 보자. 현관문을 열고 나서부터 찬찬히 들여다보는 시간이다. 신발을 벗고, 가방을 던진 뒤, 손을 씻고, 거실 소파에 앉거나 방으로 들어갈 것이다. "엄마, 배고파!"를 먼저 외칠 수도 있다. 학교가 끝나고 바로 학원에 다녀오는 경우에도 이 과정은 비슷하게 반복된다. 이 5분도 안되는 시간이 중요하다. 이때를 넘어가면 우리는 다시 바쁨의 소용돌이 속에 빠져들 가능성이 크다. 그러므로, 이 짧은 과정 속 아이에게 '책 읽기'라는 생각을 심어 주어야 한다. 맞벌이 부부도 가능하다. 바로 세면대 위, 거울에 붙여 둘 '오늘의 도서관'이다.

아이가 매주 미리 정한 책 세 권의 목록을 적어 둔 책 목록이다. 화장실 벽이나 문, 냉장고에 붙여 두는 것은 큰 도움이 되지 않는다.

책 이미지는 AI를 이용해 제작함

생각보다 눈에 잘 들어오지 않기 때문이다. 하지만 세면대 위는 손을 씻은 후 자연스레 거울을 보며 눈길이 가기 때문에 보다 효과적이다. 아이가 이조차도 쳐다보지 않는다면? "오늘 ○○이의 도서관에서 무슨 책을 읽을 거야?" 정도의 말로 주지시키면 된다.

일주일에 세 권의 책을 정했다고 해서 이 모두를 전부 읽으란 이야기는 결코 아니다. 오늘의 도서관에 세 권의 책을 올린 이유는, 아이에게 '선택권'을 주기 위함이다. 책 읽는 재미를 부여하려는 장치다. 어른들도 '이번 주에 이 책을 읽어야지' 결심했다가도 하기 싫어지는 일이 부지기수다. 아이들은 더 그렇다. 그랬을 때 다른 두 권의 책이란 대안을 제시하는 것이다.

하지만 이것이 전부라면 전면 책장에 전시된 책과 크게 다를 바가 없다. '오늘의 도서관'의 차별점은 아이가 직접 정한 도서 목록이라는 데서 시작한다. 이유는 단순하다. 아이가 스스로 고른 책일수록 끝까지 읽을 가능성이 높아지기 때문이다. 그러려면 먼저 사전 작업이 필요하다. 금요일 밤이든, 주말 아침이든 저녁이든 자녀와 부모가 딱 15분만 함께 시간을 내면 된다. 물론 이에 앞서, 부모는 15분이란 시간을 더 내야 한다. 우리 아이가 이번 주 읽으면 좋을 책 다섯 권의 목록을 선정하는 시간이다. 시간을 더 투자할수록 더 좋다. 책이 더 많아도 괜찮다. 하지만 우리의 핵심은 부모와 아이 모두 지쳐서 '중도 탈락'하지 않을 수 있도록, 현실적인 목표의 수를 세우자는 데 있다. 부모가 처음에는 열 권의 책을 제시하더니, 나중에는 다섯 권만 내놓으면 아이 입장에서는 선택지가 줄어든 것처럼 느껴지고 그럴수록 '강요'로 느껴질 가능성이 크다. 의무와 강요라는 생각이 드는 순간 책에 대한 흥미가 떨어져 버리는 아이들이 많기에, 부모가 처음부터 실천 가능한 기준을 잘 세우는 것이 중요하다.

당장 어떤 책을 골라야 할지 모르겠다면, 학교별 추천 도서 목록이나 출판계에서 제공하는 연령별 추천 도서 목록을 활용해도 괜찮다. 이때 인문, 자연, 과학 등 다양한 장르를 섞는 것을 추천한다. 책의 '편식'을 막기 위함이다. 그런 다음 책의 표지와 간략한 내용을 적어, 일주일에 딱 한 번, 15분 동안 아이와 함께 '오늘의 도서관'에 넣을 책 세 권을 추리면 된다. 프린트하기가 어렵다면 한글이나 워드 파일로라도 부모가 '오늘의 도서관' 후보 목록을 정리하는 것이 좋다. 아이에게 책을 읽게 하려는 부모의 최소 성의라고 생각해 두자. 이때 책의 표지를 꼭 넣어야 한다. 책의 내용을 직관적으로 이해하기 쉬울 뿐 아니라, 아이의 흥미 역시 높일 수 있기 때문이다.

■ '오늘의 도서관 후보' 활동지

오늘의 도서관 후보	
책1 표지 이미지 삽입	책1에 대한 내용 요약
책2 표지 이미지 삽입	책2에 대한 내용 요약
책3 표지 이미지 삽입	책3에 대한 내용 요약
책4 표지 이미지 삽입	책4에 대한 내용 요약
책5 표지 이미지 삽입	책5에 대한 내용 요약

물론 교육계와 출판계에서 제공하는 추천 도서 목록이 '모두'에게 좋은 책은 아니라는 비판도 있다. 비슷한 연령별로도 흥미와 수준이 다양한데, 추천 도서가 과연 개인에게 적합하느냐는 이야기다. 하지만 엄마, 또는 아빠 혼자서 매주 아이가 좋아할 만한 새로운 책 수 권을 일일이 찾는 것은 너무나도 비효율적이고 부모에게도 부담스러운 일이다. 일단 시작은 추천 도서로 시작하되 천천히 아이의 수준에 맞는 책으로 지평을 넓혀 가면 될 일이다.

'오늘의 도서관' 목록에 자신이 보고 싶은 장르의 책만 넣으려는 아이들도 있다. 소설책 등 자신이 쉽게 읽을 수 있는 종류일 것이다. 하지만 우리는 문해력을 바탕으로 입시에서, 나아가 사회에서 원활히 소통할 수 있는 아이를 양육하는 것이 목표다. 세상을 살아가려면 때로는 잘 모르는 분야의 어려운 글도 읽어야 하는 법. 따라서 '오늘의 도서관'에서만큼은 세 권 모두가 같은 장르나 주제가 겹치지 않도록 아이와 타협해야 한다.

타협이 어려울 정도로 아이의 반발이 심하다면, 다양한 주제 중에 만화로 된 것을 찾아 오늘의 도서관 후보 목록에서 제시하자. 시중에는 과학, 역사 등 글로는 읽기 어려운 주제들을 쉽게 만화로 풀어낸 양질의 책들이 이미 많이 나와 있다. 문해력 향상을 위해선 다양한 장르를 접하는 것이 필수다. 어떻게든 책만큼은 '잡식성'으로 만드는 것이 중요하므로, '줄글을 읽혀야지' 하는 부모의 욕심을 잠시 내려놓아도 괜찮다.

시간이 된다면 함께 서점이나 도서관에 가서 책 목록을 고르는 것을 추천한다. 서점에 알록달록 예쁘게 전시돼 있는 책을 보노라면, 과학이나 수학에 관심이 없던 아이라도 '이런 책도 한번 골라 볼까?' 하는 생각이 들 수 있다.

'오늘의 도서관'에 있는 책은 집에 온 뒤 바로 읽도록 하는 것이 좋다. '루틴'으로 만들기 위함이다. 만약 '오늘의 도서관' 외 책을 읽고 싶다고 한다면? 도서관에서 한 권을 선택해 한 장이라도 읽은 뒤, 그 다음에 원하는 책을 읽으라고 하면 된다. "이 책을 읽어야 해!" 등 강압적인 말투는 흥미를 반감시킬 수 있으니 지양하는 편이 좋다. 분량은 시간이 허락하는 한 자유롭게 주자. 한 장을 읽든, 한 줄을 읽든 상관없다. 대신 꼭 해야 할 마지막 과정이 있다. '오늘의 느낀 점'을 부모에게 꼭 나누는 것이다. 이는 향후 토론과 논술로 확장시키기 위한 방법으로 다음 챕터에서 서술할 '오늘의 3줄' 독후감과도 연계된다.

생각을 키우는 부모의 질문, 기자의 질문법

책을 읽는 것보다 중요한 것은 읽은 내용을 소화하는 것이다. 한 문단을 읽든, 한 챕터를 읽든 그것과 관련해 느낀 점을 나누는 것이 도움이 된다. 이때 부모의 질문은 일관된 구조를 가지면 좋다. 그러면 다음에 아이가 책을 읽을 때에도 이러한 부분을 생각하며 읽을 수 있다. 총 다섯 단계의 질문 과정인데, 상황에 맞게 부모가 가감하면 된다.

첫 질문은 '사실 확인형' 질문이다. 아이가 '제대로' 읽었는지를 확인하는 기초 질문이다. "주인공이 이런 상황에서 어떤 행동을 했지?", "개구리가 되기 전엔 뭐라고 부르지?" 등 글의 정보와 구조를 파악하는 능력을 기르는 단계다. 다음에는 **책의 '맥락'을 이해하는 질문**을 던져야 한다. "주인공은 이때 왜 얼굴이 빨개졌을까?", "이건 어떤 감정일까?" 등 드러나지 않은 의미를 찾아내도록 돕는 질문이다. 그런 뒤 **등장인물의 감정과 스스로를 연결시켜 책 자체를 완전히 소화할 수 있도록 돕는다.** "네가 주인공이었다면 어떤 기분이었을까?" 등 정서적 문해를 향상시키는 과정이다.

여기까지 잘 왔다면, 책 내용에 대한 **'비판적' 사고를 도와줘야 한다.** "너라면 어떻게 행동했을까?" 등 스스로 가치 판단을 해 보게 하는 것이다. 논리적 사고, 비판적 사고를 기르게 함으로써 향후 논술 및 토론 대비까지 이뤄 내는 작업이다. 마지막으로는 "이 책에 나온 내용이랑 비슷한 일이 ○○이 주변에도 있었을까?" 등 **다른 책이나 일상, 사회와 확장시켜 생각해 보도록 하는** 질문을 던지면 좋다.

부모의 질문은 아이가 사고력을 기를 수 있도록 돕는 마중물이다. 단순히 '사실 확인'만 하지 말고, 아이가 독서 과정에서 "왜?", "만약에 이랬다면 어떨까?" 등의 질문을 하며 책을 읽도록 하는 것이다. 이는 단순히 읽는 것에서 벗어나 머릿속 도서관을 확장하는 작업이다. 해 보지 않은 아이라면 처음에는 대답하지 못할 수 있다. 그럴 땐 "엄마는 이럴 때 이런 생각이 드는데, 너는 어때?" 등 아이의 답변을 이끌어 줘야 한다. 답변을 강요하라는 것은 아니다. 책을 읽었는지 '숙제 검사'를 하라는 뜻도 아니다. 엄마와 아이가 책을 주제로 자연스럽게 대화하는 것이 핵심이다. 부모에게 자신의 의견을 잘 설명하는 아이일수록 타인과의 토론, 또는 논술 작성 과정에서 의견을 명확히 전달할 가능성이 높다. '이걸 어떻게 다 하지' 싶을 수 있지만, 막상 해 보면 5분도 채 걸리지 않는 짧은 과정이다. 매일 실천하는 것이 물론 낯설고 어려울 수 있다. 그러나 우리 아이의 문해력 향상을 위해서라도 매일 함께, 딱 5분만 대화하도록 하자.

저학년은 경험, 고학년은 사고 확장이 중요하다

읽기 방법은 아이의 발달 단계에 따라 약간의 차이를 두는 것이 좋다. 특히 초등학교 저학년 때까지는 독서가 '즐거운 것'이라는 경험을 누적하는 것이 중요하다. 이때의 습관이 중학교, 고등학교까지 이어지기 때문이다. 실제 2026학년도 수능에서 만점을 받은 한 학생은 언론과의 인터뷰에서 초중등 때의 독서 경험이 중요하다고 강조하기도 했다. 어릴 때부터 다양한 책을 많이 읽다 보니 텍스트를 빠르게 이해하는 힘이 생겼다는 것이다.

따라서 특정 장르의 책을 강권하기보다는, 아이가 '읽는 경험'을 가능한 한 많이 할 수 있도록 도와주는 것이 좋다. 읽기가 습관이 될 수 있도록 돕자는 취지다. 이렇게 읽는 경험이 누적되다 보면 '읽기'가 쉬워지고, 보다 더 많은 텍스트를 이해하는 능력이 향상된다. 이때 독서의 폭 역시 자연스레 넓어질 수 있다.

흥미를 높이는 게 핵심인 만큼 아이에게 책과 관련해 질문할 때도 정답을 묻기보다 아이의 상상력을 자극할 수 있는 질문을 던지는 것이 좋다. '이다음에는 어떻게 될 것 같아?', '너도 이런 경험이 있니?' 등이 그 예다. 아이는 이러한 질문을 통해 단순히 책을 읽는 것에서 책과 나를, 내 주변을, 내가 살아가는 사회를 연관 짓는 훈련을 하게 된다. 질문에 답하는 형태로 표현을 하다 보면 자연스레 기본적인 어휘와 표현 능력도 향상될 수 있다.

초등학교 고학년으로 접어들수록 '비판적 사고력'을 기를 수 있도록 도와줘야 한다. 이 시기는 단순한 내용 분석을 넘어 책이 말하고자 하는 바를 읽어 내고, 그렇게 생각한 이유를 표현하는 훈련이 필요한 때이다. 같은 주제에 대한 여러 다른 책을 비교하게 하거나, 좀 더 확장된 주제를 접할 수 있도록 권해도 좋다. 이때 아이에게 판단을 강요하면 아이가 오히려 독서에 대한 흥미를 잃거나 독서를 어렵게 느낄 수 있기에 부모가 적당한 선을 지켜야 한다.

시기별 읽기 방법을 다르게 하는 것이 효과적이긴 하나, 사실 '이때는 이렇게, 이다음부터는 저렇게'라고 칼로 무 자르듯 하기는 어렵다. 아이마다 현재까지의 독서 경험, 수준, 흥미가 모두 다르기 때문이다. 초등학교 저학년일지라도 이미 독서에 대한 흥미가 가득한 아이가 있을 수 있고, 고학년임에도 어휘력이 많이 부족하거나 책을 쳐다보려고도 하지 않을 수 있다. 중요한 것은 부모가 아이의 수준을 정확히 바라보고, 아이에게 맞는 방법을 찾아 주는 것이다. 여러 번 반복하지만 절대 강요해서는 안 된다. 부모가 급한 마음을 내려놓고, 천천히 함께 시작한다는 마음으로 같이 책을 읽어 나가야 한다.

질문이 어려운 부모를 위한 AI 사용법

날 때부터 호기심이 많지 않고서야 '질문'은 어려운 법이다. 사실 질문이 업인 기자들에게도 '어떤 질문을 해야 할까'는 언제나 숙제다. 하물며 우리는 아이와 함께 '책'을 주제로 이야기를 나눠야 한다. 특히 아무리 '다독왕'인 부모라도 아이가 읽은 책, 앞으로 읽어야 할 책 내용을 모두 알고 있기는 어렵다. 집안일 하랴, 혹은 회사 다니랴, 여기에 육아까지 해야 하는 엄마 또는 아빠에게 아이가 읽은 책을 미리 모두 숙지하라는 것이 사치임을 안다. 그럴 땐 챗GPT와 같은 생성형 AI를 적극 활용하는 것을 추천한다. 생성형 AI는 아래와 같은 형식을 활용하면 좋다.

① 책 제목+작가+출판사+장르
② 아이가 읽은 부분을 요약
③ 부모가 원하는 질문 목적 서술

예를 들어 《마당을 나온 암탉》을 읽었다고 생각해 보자. 그럼 AI 도구에게

"아이와 함께 책을 읽고 있어. 암탉이 우리를 탈출한 장면까지 읽었어. 아이가 정서적 확장을 끌어낼 수 있는 질문을 만들어 줘"라고 질문하는 것이다. 완벽한 부모가 될 필요는 없다. 적절히 현대 문명을 이용하면서 아이의 독서 세계를 확장시켜 주면 된다.

아이가 한 권을 전부 읽은 때엔 AI가 더 톡톡히 도움을 준다. "책 제목과 작가 등 1번 항목을 입력하고, 아이가 글을 제대로 읽었는지 먼저 확인하고, 그다음 글 속 단서를 바탕으로 드러나지 않은 의미를 찾는 '맥락 이해'와 관련한 질문을 하고 싶어. 그리고 정서적으로도 이해했는지 질문한 뒤, 비판적 사고를 해 보고 이 책을 다른 책과 일상 등과 연관 짓도록 하고 싶어. 어떤 질문을 하면 좋을까?"라고 물어보자. 이를 시나리오로 구성해 달라는 마지막 명령어까지 덧붙이면, AI는 당신에게 훌륭한 질문지를 던져 줄 것이다.

■ AI를 활용한 질문 도출 프롬프터(실제 대화 내용을 재구성)

> 아이가 황선미 작가의 장편동화 '마당을 나온 암탉'을 읽었어. 암탉이 우리를 탈출한 장면까지 읽었대. 아이가 잘 읽었는지 사실 확인형 질문과, 정서적 확장까지 이끌어 낼 수 있는 질문을 만들어 줘.

좋습니다. 아이가 읽은 부분(잎싹이 양계장을 탈출한 장면)까지를 기준으로, **사실 확인형 질문**과 **정서 확장형 질문**을 나눠서 제안해드릴게요.

---

1. 사실 확인형 질문(내용 이해 점검)

- 잎싹은 왜 양계장에서 나가고 싶어 했을까?
- 잎싹이 탈출할 때, 누가 잎싹을 도와주거나 막으려 했어?
- 양계장 밖으로 나간 잎싹이 처음 본 풍경은 어땠을까?
- 양계장 안에 남아 있던 닭들과 비교했을 때, 잎싹은 어떤 점에서 달랐을까?

2. 정서 확장형 질문(공감·상상력 키우기)

- 만약 네가 잎싹처럼 갇힌 곳을 떠나 자유롭게 나올 수 있다면, 가장 먼저 하고 싶은 건 뭐야?
- 잎싹이 양계장을 나올 때 무슨 기분이었을 것 같아? 혹시 너도 비슷하게 느껴 본 적 있어?
- 자유롭게 나왔지만 앞으로 어떤 어려움이 잎싹을 기다리고 있을까? 네가 잎싹 이라면 어떻게 준비할 것 같아?
- 잎싹처럼 '새로운 길'을 선택하는 게 두렵기도 하지만 설레기도 하지. 네가 도 전해 보고 싶은 '새로운 길'은 뭐가 있을까?

TIP 2

영상에 익숙한 우리 아이, 유튜브는 이럴 때!

유튜브와 책은 상극인 것 같지만, 잘만 활용하면 그 무엇보다 좋은 상호보완 재가 될 것이라 생각한다. 특히 책과 관련한 영상, 영화 등을 함께 보는 것은 이미 많은 전문가들이 독서 연계 활동으로 추천하고 있다.

책이 만약 소설이었다면 관련한 자연, 과학 영상을 연계하는 것을 추천한다. 서로 다른 장르를 매치해 보라는 이야기다. 예를 들어 《아기장수 우투리》라 는 책이었다면, 이 책의 배경인 지리산 관련 영상이나 다큐멘터리를 보여 주 는 식이다. 이는 단순한 지식 확장뿐 아니라 사고력 향상에도 도움이 된다. 스쳐 지나가기 쉬웠던 '지리산'이라는 배경을 영상으로 짚음으로써, 다음에 다른 책을 읽을 때 주변 정보를 더 유심히 보게 되는 효과다.

반대로 정보 위주의 책이었다면, 책 내용을 보다 짧고 쉽게 정리해 둔 영상이 나 해당 과학자와 관련한 영화 등을 연계해 주면 보다 이해를 도울 수 있다. 이때 부모도 함께 영상을 본 뒤 책과는 어떤 점이 다르다고 느꼈는지, 영상을 보며 어떤 생각이 들었는지 등과 관련해 짧은 '스몰토크'를 나누길 추천한다. 아이가 자신의 언어로 생각을 정리할 수 있게끔 돕는 시간이다. 이와 같은 대화 시간은 자녀의 정서적 측면에도 물론 도움이 되지만 자녀가 부모 외 다른 사람 앞에서도 자신의 생각을 조리 있게 표현할 수 있도록 돕는 일종의 연습 과정이 될 수 있다.

영상 자료 활용은 책을 읽기 전, 후 언제 하는 것이 좋을까? 정답은 '둘 다'다. 각각 다른 효과를 가져온다. 책을 읽기 전이라면 한층 책에 대한 흥미를 끌어 올릴 수 있고, 읽은 후엔 읽은 내용과 비교해 볼 수 있다는 점에서 일종의 복습이 가능해진다.

TIP 3

책을 읽다 모르는 단어가 나온다면?

일반적으로 적절한 수준의 책이라 하면 한 페이지에 모르는 단어가 2~3개 정도 되는 책을 말한다. 그 이상이 되면 어렵다고 느낄 수 있어, 책에 대한 흥미가 뚝 떨어질 수 있다.

가장 좋은 방법은 모르는 단어가 나올 때마다 부모와 즉문즉답하는 것이다. 하지만 현실적으로 어려울 수 있으니, 모르는 단어는 표시해 가며 읽도록 도와주자. 그리고 아이가 독서를 마친 뒤 아이에게 질문하는 시간에 부모가 따로 알려 주면 된다. 때마다 사전을 펼쳐 찾는 방법도 좋다. 모르는 단어를 그저 보아 넘기지만 않으면 된다.

단어를 알려 줄 때는 사자성어와 같은 한자어의 경우 부모가 뜻과 유래를 따로 찾아 설명해 주면 기억하기 쉽다. 동의어와 유사어, 반의어 등 몰랐던 단어와 함께 기억할 수 있는 다른 단어들을 함께 이야기하는 것도 좋은 방법이다. 물론 아이와 부모가 버겁지 않은 선에서 말이다.

2

뉴스로 키우는
이해력과 사고력

방송 뉴스
활용법

왜 뉴스가 문해력 훈련이 될까?

어릴 적 집집마다 신문을 구독하던 때가 있었다. 우리집도 그랬다. 지금은 온라인 뉴스를 시간 때우기 용으로 보는 경우가 많지만, 당시에는 신문 기사나 사설을 오려 스크랩하고, 중요한 문장에 줄을 그어 가며 읽었다. 학교에서도 적극 권장했다. 내 부모님은 이 방법에 더 적극적이었다. 사설을 오려 붙이고, 핵심 내용을 한 줄로 적어 보게 시켰다.

아버지는 보수 성향의 신문과 진보 성향의 신문을 번갈아 구독하시기도 했다. 본인보다는, 내가 사회적 현안에 대해 여러 의견을 두루 접하게 하기 위해서였다. TV에서 하는 방송 뉴스도 그랬다. 저녁 뉴스 시간만 되면 아버지가 뉴스를 틀었고, 무슨 내용인지 잘 모르면서도 옆에 앉아 주로 지루한 표정으로 뉴스를 봤다. 사실 당시에는 뉴스 내용보다는, 뉴스가 끝난 뒤 시작할 드라마에 대한 기대로 앉아 있었던 것 같기도 하다. 그래서였을까, 학창 시절 토론 시간이나 논술문을 작성해야 할 때 큰 어려움을 겪은 적은 없다. 웬만하면 내가 알고 있는 주제였고, 한 번쯤 부모님과 밥상머리 토론을 했던 이야기들이었다. 어떤 식으로 논리를 전개해야 할지 얼개를 잡기 쉬웠다.

이걸 다시 하기 시작하게 된 건 언론사 입사 시험을 준비하면서다. 이른바 '언론 고시'라고 불리는 시험이다. 상식과 논술·기사 작성, 수차례의 면접을 통과하기 위해 스터디원들과 10대 일간지와 경제지, 지상파 3사 뉴스를 나눠 모두 챙겨 봤다. 신문·방송 뉴스에서 다루는 주요 현안들에 대해 찬반 의견을 정리하고, 핵심 상식 단어들을 골라내는 것이 주요 작업이었다.

비단 언론사 시험의 이야기만이 아니다. 입시와 취업을 준비해 본 이라면 알 것이다. 대입 논술, 취업 면접 등 다양한 관문마다 뉴스를 기반으로 한 시사 상식 시험이나 논거 제시 퀘스트가 기다리고 있다는 것을 말이다. 실제 대입 전문가들은 매년 입시 철만 되면 '수시 논술이나 면접 전 시사 상식을 미리 파악하고 가라'고 입이 마르게 말하기도 한다.

하지만 이렇게 멀리 갈 필요도 없다. 뉴스는 무엇보다도 문해력을 기르는 데 아주 좋은 자료다. 문해력이란 무엇인가. '글을 읽고 이해하는 능력'이다. 글을 읽는 것 자체는 비교적 쉬운 일이다. 하지만 '이해'의 영역은 다르다. 글 안에 살아 숨 쉬는 등장인물들의 서로 다른 주장을 파악하고, 그렇게 된 맥락을 짚어 내며, 이를 통해 나만의 '통찰'을 얻어 내야 진정한 '이해'라고 할 수 있다.

그렇다면 왜 뉴스일까? 뉴스는 다양한 이해관계, 관점이 한데 얽힌 정보의 집합체다. 기사를 작성하는 과정을 보면 이해하기 쉽다. 신문이나 방송 뉴스를 구성하는 기사들 중에는 한 가지 사안에 대해 육하원칙과 같은 단편적 정보만 제공하는 단신 기사도 있다. 하지만 기본적으로 사회적 쟁점이 되는 현안이나, 누군가의 주장과 관련된 사실을 검증하는 경우가 더 많다. 이때 한쪽의 입장만 듣지 않고 양측의 주장을 모두 취재하는 것이 기본이다. 특정 인물이나 사안에 대해 비판적인 기사를 쓰는 경우에도 마찬가지다. 일반적으로 해당 기관이나 인물의 반론을 들은 뒤 기사에 담는다.

다시 말해, 기사 하나를 읽으면 한 가지 사안에 대한 서로 다른 주장과 각각의 근거, 육하원칙에 기반한 팩트를 모두 수집할 수 있다는 이야기다. 심지어 각 기사에는 우리가 문해력 향상을 위해 필수적으로 키워야 할 배경지식, 통찰력까지 모두 담겨 있다. 특히 수차례의 데스킹 과정(부장·차장급 기자 등 '데스크'가 일선 기자의 기사를 확인·수정하는 절차)을 거치며 정보 중에서도 가장 필요한 핵심만 남긴다. 주제와 분야도 각양각색이다. 게다가 접근하기도 쉽다. 이처럼

'가성비'가 좋은 문해력 자료가 어딨겠는가.

하지만 '신문', '9시 뉴스' 등의 단어를 들으면 왠지 모르게 진입장벽이 느껴진다는 아이들이 많다. 어렵고, 재미없을 것 같아서다. 어른도 마찬가지다. 포털 사이트에 올라오는 화제성 기사는 쉽게 클릭하는데, 신문을 펼쳐 들자니 손이 가지 않는 게 현실이다. 하지만 문해력을 기른다고 9시 뉴스 한 시간을 꼬박 다 보려고 하거나 신문 한 부를 1면부터 끝면까지 찬찬히 살필 필요는 전혀 없다. 핵심은 이 대체하기 어려울 만큼 좋은 자료를, 지속적으로 활용할 수 있는 동력, 습관을 만드는 것이다. 다음 장부터는 실제 아이들과 함께 나눌 수 있는 방송 뉴스 활용법을 소개하고자 한다.

활용법(1) - 하루 5분, 밥상 뉴스 습관

뉴스는 크게 방송 뉴스와 신문 기사로 나뉜다. 영상과 활자라는 핵심 특징이 각각 다르다 보니, 두 가지를 함께 활용하면 같은 의제에 대해서 다른 방식으로 들여다볼 수 있어 좋다. 이번 장에서는 특히 방송 뉴스를 통한 문해력 기르기 연습을 하려고 한다. 신문 기사보다 짧고, 쉬운 단어를 사용하며, 시각적·청각적 요소가 결합돼 있다 보니 아이들이 뉴스라는 매체와 친숙해지기 좋은 시작이 된다.

방송 뉴스는 일반적으로 리포트 기사의 경우 1분 30초~2분 안에 핵심 내용을 모두 전달한다. 기자의 음성과 함께, 이해를 돕는 영상이 함께 제공된다는 점이 가장 큰 특징이다.

일반적인 리포트 기사 한 꼭지당 문장 수는 앵커 멘트 2~4줄 포함

15~20문장 안팎으로 구성된다. 이 안에는 인터뷰이나 전문가의 멘트도 포함된다. 문장 자체가 짤막해 신문 기사보다 양이 훨씬 적게 느껴지나, 그만큼 문장마다 중요한 내용이 꽉꽉 눌러 담겨 있다고 생각하면 된다.

방송 뉴스를 활용하는 가장 좋은 방법은 부모와 아이만의 '밥상 뉴스' 시간을 만드는 것이다. 아침, 저녁 언제든 상관 없다. 부모와 아이가 식사 시간 중 단 '5분'을 함께 할 수 있다면 된다. 그런데 왜 하필 '밥상' 뉴스냐고? 밥상 앞이야말로 아이의 언어, 정서, 사고력 발달을 도울 수 있는 가장 강력하지만 편안한 교육 공간이기 때문이다.

미국의 제35대 대통령이자 미 역대 대통령 가운데 최고의 달변가 중 하나로 꼽히는 존 F. 케네디는 어릴 적부터 식사 시간마다 가족들과 함께 토론을 했다고 한다. 어머니 로즈 여사의 주도였다. 그에게 있어 밥상머리는 단순히 식사를 하는 공간이 아닌, 가족들과 함께 정치·사회 등 각종 주제에 대해 기탄없이 의견을 나눌 수 있는 '토론의 장'이었던 것이다. 많은 전문가들은 그의 연설 실력의 비결 중 하나로 이 밥상머리 대화를 꼽는다.

실제 밥상머리는 아이가 가장 긴장하지 않고 말하고, 듣는 방식을 연습할 수 있는 최고의 장소다. 틀릴까 봐 걱정하지 않아도 되고, 부모가 의견을 제시하는 방식을 보며 자연스레 자신의 의견을 가다듬어 볼 수 있다. 언제나 자신을 든든하게 지지해 주는 부모와의 대화이다 보니 정서적 안정도 배가 된다. 게다가 맛있는 식사까지 제공되니, 이보다 좋은 대화의 장이 어디 있겠는가.

5분 밥상 뉴스의 방식은 간단하다. 먼저 부모가 식사를 준비하는 동안 당일 혹은 전날의 방송 뉴스 한 꼭지를 크게 소리를 틀어 함께 본다. 그런 뒤 해당 현안에 대해 어떻게 생각하는지 한 문장씩 이야기해 보는 것이다. 이때 함께 볼 뉴스는 아이와 같이 정해도 좋지만, 기왕이면 뉴스 프로그램 앞쪽에 배치된 뉴스를 고르는 것을 추천한다. 뉴스 순서 자체가 해당 방송사에서 중요하다고 생각하는 순으로 배치되기 때문이다. 지금 당장은 한 방송사의 한 가지 뉴스만 보겠지만, 익숙해져 여유가 생긴다면 지상파 3사, 종편 3사 등 각각의 뉴스별 메인 기사를 비교해 보는 것도 한 가지 재미가 될 수 있다.

이제 도널드 트럼프 미국 대통령 정부의 관세 정책으로 미국 내 장바구니 물가가 급등하고 있다는 기사를 봤다고 가정해 보자. 단순히 방송 리포트만 들었을 때 아이가 쉽게 이해하기 힘든 사안이다. 부모는 5분 밥상 뉴스 시간을 통해 주요 개념을 짚어 주고, 함께 토론해 볼 만한 주제를 제시해 주면 된다. 어떤 뉴스였는지 아이에게 먼저 묻는 방식으로 시도해도 좋고, 아이가 어려워한다면 부모가 정리해 줘도 된다.

부모 미국 대통령이 관세를 올려서, 미국 마트에서 사과나 바나나 가격이 엄청 올랐대.(내용 정리)

아이 관세가 뭐야?

부모 다른 나라에서 물건을 사 올 때 추가적으로 붙는 돈이야.(주요 단어 짚기)

아이 왜 관세를 올려?

부모 미국 사람들이 자기 나라에서 만든 물건을 더 사게 하고 싶대.

아이 근데 왜 바나나가 비싸져?

부모 다른 나라에서 사온 바나나가 원래 5,000원이었는데 관세가 더 붙으니까, 가격이 더 비싸지는 거지. 한번 생각해 보자. 이렇게 다른 나라랑 같이 물건을 주고받는 게 꼭 필요한 일일까?(토론 주제 제시)

크게 내용 정리—개념 정립—토론 주제 제시 등 세 번의 과정을 거치면 된다. 물론 더 제대로 토론하기 위해서는 부모의 노력이 필요하다. 일단 아이와 함께 볼 뉴스 내용을 먼저 숙지하는 것이 좋다. 그리고 함께 토론해 볼 내용을 미리 정해 두면 더 좋다. 하지만 매일 미리 준비한다는 것은 현실적으로 어려울 것이다. 그럴 땐 부모가 아예 모르는 개념이나 주제가 나오는 뉴스보다는, 부모가 잘 답변할 수 있는 주제를 택해 뉴스를 보는 것을 추천한다. 아이가 모르는 것을 물어 부모가 잘 대답하지 못한 채 두루뭉술하게 넘어가거나, 개념 등을 찾아보느라 대화가 끊기면 토론의 맥도 뚝 끊길 수 있기 때문이다. 5분 밥상 뉴스의 핵심은 '자연스러운 대화'다. 뭔가 물 흐르듯 진행되지 않거나, 부모가 각을 잡고 준비했다는 듯한 인상을 주면 아이가 편안하게 이야기하기가 어려워진다.

토론 주제는 어렵게 생각하지 않아도 된다. 관세 뉴스라고 해서 꼭 관세와 관련한 것이 아니어도 된다. 무역이 꼭 필요한 건지, 나라

  AI 시대 엄마가 먼저 알아야 할 최상위 공부법

끼리 이미 약속한 관세가 있는데 일방이 마음대로 올려도 된다고 생각하는지 등 생각나는 대로 아이에게 질문하는 것이 중요하다. 지금 우리는 틀에 박힌 주제와 답변을 외우게 하려는 게 아니라, 아이의 사고를 확장시키는 중이라는 점을 명심하자.

활용법(2) - 뉴스 속 단어로 어휘력 키우기

5분 밥상 뉴스를 통해 하나의 뉴스 주제를 알아보는 시간을 가졌다면, 다음 단계로 그날의 핵심 개념들을 한 줄이라도 노트에 정리해 두고 가는 것이 좋다. 물론 5분 밥상 뉴스 시간을 통해 아이에게 특정 단어나 개념에 대해 간략하게 설명해 주겠지만, '듣는 것'과 직접 '적어 보는 것'은 천지차이기 때문이다. 일종의 복습 효과도 있다. 5분 방송 뉴스 시간을 흘려보내지 않고 보다 효과를 발휘하려면 단어 정리는 필수적이라 할 수 있다.

이때 활용하면 좋은 것이 방송사별로 올려두는 뉴스 스크립트다. 방송사들은 보통 각 홈페이지에 앵커 멘트부터 클로징 멘트까지 뉴스 원고 전문을 올려 두고 있다. 네이버, 다음 등 포털 뉴스에서도 검색이 가능하다. 아이들과 즐겁게 식사 시간 대화를 마쳤다면 시간이 날 때, 또는 아이가 원하는 때 스크립트를 한번 읽어 보며 모르는 단어를 정리하게 하자. 방송 뉴스 자체가 길이가 짧고 보다 쉬운 어휘를 사용하는 경향이 있고, 이미 한 차례 부모와 이야기를 나눈 주제이기에 읽기 어렵지 않을 것이다.

이날 뉴스에서 몰랐던 단어만 정리하고 넘어가도 되지만, 책을 읽을 때와 마찬가지로 보다 큰 효과를 보기 위해선 유의어나 반의어를 함께 정리하는 것이 좋다. 오늘 새로 배운 단어를 활용해 예문을 만들어 보는 것도 좋은 연습이 된다.

활용법(3) - 한 컷으로 정리하는 사고 훈련

부모와 함께 했던 '5분 밥상 뉴스' 시간을 그저 흘려보내지 않으려면 '한 컷 그리기'를 활용하는 방법도 추천한다. 초등학교 저학년 시절 많이 그렸던 '그림일기'와 같은 방식이다. 오늘 보고, 듣고, 나눴던 뉴스 내용을 '한 컷'으로 요약해 그려 보도록 하거나, 부모와의 이야기 도중 가장 인상 깊었던 내용을 한 장면으로 묘사하게 하는 것이다.

어릴 적 그림일기가 그랬듯, 한 장면으로 그리도록 하는 방식은 뉴스 및 토론 주제에 대한 핵심 파악과 요약을 한꺼번에 할 수 있게 해 효과적이다. 그림이 언어보다 더 오래 기억에 남고, 함께 토론했던 내용을 재구성하게 되므로 자신의 입장을 한 번 더 정리하기에도 좋다.

그림을 그리기 싫어하거나 그릴 수 없는 상황이라면 방송 뉴스 장면 중 한 장면을 캡처해 따로 폴더를 만들어 저장해 두는 것도 괜찮다. 그런 뒤 주말 하루는 그 주에 그렸던, 또는 캡처했던 사진들을 함께 보며 '이 주의 베스트 뉴스'를 선정해 보자. 친구들과 같이 토론하고 싶은 주제라거나, 나중에 다시 생각하고 싶은 뉴스, 혹은 예전과 생각이 달라진 뉴스 등 다양한 주제로 함께 이야기를 나눠 보는 것이다. 이런 여러 차례의 재구성 과정을 거치면 아이는 보다 뉴스 주제를 '자기 것'으로 수월하게 만들게 될 것이다.

아이랑 토론하기 어려워요

생각보다 많은 부모들이 아이와의 토론형 대화를 어려워한다. '갑자기 토론을 하라니 간지럽다'거나, '가족끼리 남사스럽다'는 반응도 들어봤다. 이는 '토론'을 한다고 생각해서다. 밥상머리 토론은 사실 쉬운 대화, 즉 이야기를 주고받는 행위에 가깝다. 아이가 어떤 생각을 하는지 들어 주고, 나는 이런 생각을 한다며 아이에게 생각거리를 던져 주는 것이다. 부모가 낯간지러워하거나 너무 각 잡힌 토론을 하려고 하면 오히려 아이가 도망갈 수도 있다. 아이는 부모의 반응을 기가 막히게 잘 파악한다. 부모가 편안한 마음으로 다가가는 것이 키 포인트다.

무엇을 질문해야 할지 모르겠어요

질문하는 것이 너무 어렵다면 챗GPT 등 생성형 AI를 이용하는 것을 추천한다. "초등학교 3학년 아이와 도널드 트럼프 미국 대통령의 관세 정책에 대해 토론하고자 해. 아이가 꼭 알아야 할 기본 개념 3가지와, 함께 토론할 수 있는 주제 3가지를 제시해 줘" 등의 프롬프트를 입력하면 훌륭한 답변이 돌아올 것이다. 이때 질문 대상자의 연령대, 주제를 명확히 입력해야 한다. 하지만 아직 생성형 AI의 답변에 오류가 많기에, 최대한 기사를 기반으로 정확한 정보를 직접 찾는 것을 추천한다. 우리의 목적은 아이들이 정확한 정보를 습득해 결과적으로 문해력을 향상하도록 하는 것이기 때문이다.

신문 뉴스 활용법

달라지는 수능, 잘 보려면 '신문'

NIE Newspaper In Education 강의에서 뉴스의 중요성을 강조하기 위해 들었던 인상 깊은 예시가 있다. 'N=north(북쪽), E=east(동쪽), W=west(서쪽), S=south(남쪽)'라며 뉴스는 '동서남북 전방위에서 들려오는 소식들의 집합체'라는 설명이었다. 그러면서 '동서남북' 방위를 나타내는 영어 단어 앞 글자를 각각 딴 것이 'NEWS'라고 했다. 멋진 비유다. 기사는 이처럼 세계 곳곳에서 일어나는 새로운 소식, 'news'를 쉬운 언어와 명확한 논리로 이해하기 쉽게 풀어낸 글이다. 새로운 소식을 알린다고 해서 두서없이 전하는 소식지랑 비교하기는 어려운 일이다.

최근 '1인 미디어 시대'에 접어듦에 따라 블로그, 유튜브 등에서 개개인들이 파악하거나 분석한 내용을 공유하는 일이 많다. 그러나 기사는 이와 다르다. 기사는 기본적으로 정확한 사실에 기반했는지 확인하고 또 확인해 완결성을 갖춰야 한다. 매체가 다양해졌다고는 하지만 쏟아지는 정보의 홍수 속에서 가짜 정보를 가리는 '미디어 리터러시'가 중요해진 것도 이 때문이다.

독자들이 단 몇 분 만에 읽어 내려가는 기사 한 꼭지에 일간지 기자들은 하루를, 주간지 기자들은 한 주를 온전히 쏟아붓는다.

기자들은 먼저 무엇을 취재할지 아이템을 찾고, 아이템이 정해지면 그다음에는 어떻게 취재하고 내용을 풀어서 쓸지 방법을 찾는다. 독자들에게 효과적으로 메시지를 전달하려면 스트레이트(육하원칙을 중심으로 정보 제공에 주목한 기사)로 쓸지, 인물 중심의 인터뷰 기사로 풀어낼지, 기자가 직접 체험한 것을 쓰는 르포르타주(체험형 기사)가 나을지 등을 고민한다. 기사를 쓸 때에는 내용이 팩트(사실)인지 재차 확인하는 작업을 거친다.

일방적인 주장만 싣게 되는 일이 없도록 반대편의 입장은 무엇인지 추가 취재해 의견을 반영한다. 이렇게 취재기자가 쓴 기사는 해당 부서의 팀장이나 부서장(데스크)이 1차 편집(데스킹)을 본다. 보완할 내용은 없는지, 팩트에 기반한 기사인지 등을 확인한다. 이후에는 편집부에서 지면 기사 배치를 하며 내용을 다시 살피고, 편집국장이 기사 경중에 따라 1면 배치 여부 등을 가린다. 독자들이 받아보는 기사는 한 꼭지 한 꼭지마다 모두 이런 과정을 거친다. 정확한 소식과 논리로 똘똘 뭉친 기사야말로 '정보의 보고'다.

이런 기사를 매일 읽고 정보를 습득하는 것은 '배경지식'을 쌓는 데에 유용하다. 문제 해결을 위해 접근할 때, 관련 내용에 대해 조금이라도 알고 있는 것과 그렇지 않은 것은 천지 차이가 있다.

예를 들어 이타주의와 이기주의에 대해 이야기한다고 가정해 보자. 우선 이타주의와 이기주의에 대한 정확한 뜻부터 알아야 한다. 남을 먼저 생각하고 배려하는 태도가 이타주의, 반대로 나만 우선하려는 태도가 이기주의다. 남을 배려하는 사람에 대한 인물 기사와 이기적인 행동으로 생긴 사건 사고 기사를 접해 왔던 경우라면 이와 관련해 이야기할 내용은 풍부하다. 그동안 읽은 기사들이 배경지식이 되었기 때문이다.

또한 기사 속의 정제된 표현과 언어는 어휘력 향상에 도움을 준다. 기사를 작성할 때 기자들은 불필요한 단어 사용은 줄이고, 같은 표현이라도 반복되는 어휘를 사용하지 않도록 노력한다. 서술어의 경우 '~말했다'로만 쓰지 않는다. 설명했다, 진단했다, 평가했다, 나타냈다, 강조했다 등으로 문맥에 맞는 다양한 표현을 골라 쓴다. 기사 속에서 이처럼 풍부한 표현을 접할 수 있어 독해력도 쑥쑥 자란다.

"독서 습관은 평생 삶을 살아가는 데 힘이 됩니다."

큰아이의 담임 선생님이 "초등학교 때가 독서 습관을 잡을 수 있는 마지막 기회"라며 하신 말씀이다. 독서의 중요성은 백번 강조해도 지나침이 없다. 완결된 한 권의 책을 읽는 동안 아이들은 주인공과 함께 웃고 울며 공감 능력을 쌓고, 책 속의 다른 인물들을 비교·분석하면서 자아 성찰을 하게 되며, 주인공의 긴 여정을 따라가면서 각종 경험을 간접적으로 겪을 수 있다. 이를 통해 갖추게 되는 인문학적 소양과 교육적 지식 등은 그 어느 활동과도 비교할 수 없이 값지다.

그렇다면 신문은 어떤가. 아이들에게 신문을 읽히려는 이유는 세상을 보는 눈을 키우고, 문해력을 높이기 위함도 있지만 대입 현실에서도 유용하게 쓰인다. 앞서 독서의 중요성을 강조하며 언급한 말을 '신문 습관'으로 바꿔 말하자면 이렇게 말하고 싶다.

"신문 습관은 수능 점수를 높일 수 있는 힘이 됩니다."

수능 출제 기관인 한국교육과정평가원은 '2026학년도 대학수학

　　　　　　　　　　　AI 시대 엄마가 먼저 알아야 할 최상위 공부법

능력시험 시행 세부 계획 공고'에서 "국어 영역은 교육 과정에 제시된 국어 교과의 독서, 문학, 화법과 작문, 언어와 매체 과목을 바탕으로 다양한 소재의 지문과 자료를 활용해 출제한다"라고 했다. 그러면서 각 과목별 출제 방향과 학습 방법을 제시했다. 이 중 평가원이 각 과목에서 공통적으로 강조하는 것이 어휘력, 사실적·추론적·비판적·창의적 사고력, 국어 규범·문법 이해, 매체 언어 이해, 매체 자료 수용 및 생산 등이다. 이러한 요소들이 종합적으로 반영된 지문이 신문 기사다.

매일 낯선 주제, 새로운 소식으로 채워지는 게 신문의 특성이라는 점에서 신문 읽기는 수능의 낯선 지문, 생소한 지문에 당황하는 일이 없도록 훈련하게 해 주는 훌륭한 도구가 될 수 있다.

대학수학능력시험 이렇게 준비하세요

※ 2022 개정 교육 과정 이후 주요 내용은 동일. 〈2027학년도 대학수학능력시험 이렇게 준비하세요〉는 2026년 3월에 발간.

■ 수능 국어 영역 출제 기본 방향

독서: 독서의 원리와 방법에 대한 지식, 어휘력, 사실적·추론적·비판적·창의적 사고력 등을 측정할 수 있는 문항을 출제한다.

문학: 문학에 대한 지식, 어휘력, 사실적·추론적·비판적·창의적 수용과 생산 능력, 작품에 드러나는 작가의 개성을 이해하고 작품을 감상하는 능력, 한국 문학에 대한 이해를 바탕으로 공동체의 문화를 비판적·창의적으로 수용하

는 능력 등을 측정할 수 있는 문항을 출제한다.

화법과 작문: 화법 및 작문에 대한 기본 개념, 다양한 의사소통 상황에서 요구되는 사실적·추론적·비판적·창의적 사고력 등을 측정할 수 있는 문항, 국어 규범에 기초한 작문 능력 등을 측정할 수 있는 문항을 출제한다.

언어와 매체: 국어 규범에 대한 이해·적용 능력, 국어 문법에 대한 지식, 담화 상황에 적절하게 대응할 수 있는 국어 문화 소양, 시대나 갈래에 따른 국어 자료의 차이에 대한 이해, 국어 생활을 성찰하는 태도, 매체의 소통 방식 및 매체 언어에 대한 지식, 다양한 매체 자료를 수용, 생산하는 데 요구되는 사실적·추론적·비판적·창의적 사고력 등을 측정할 수 있는 문항을 출제한다.

■ 학습 방법

- 국어 영역의 출제 범위에 해당하는 과목별 교육 과정의 기본 지식과 개념, 원리를 이해하도록 한다.
- 기초적인 어휘의 의미와 용법을 정확하게 습득하고 문장 및 문단의 핵심 내용을 파악하면서 글 전체의 내용을 이해하도록 한다.
- 여러 분야의 글을 폭넓게 읽으면서 기본 개념이나 대상을 접할 수 있도록 하고, 글의 내용을 이해하고 해석하며 비판할 수 있도록 한다.
- 교과서에 수록된 문학 작품을 통해 깊이 있는 감상 능력을 기르고, 일상생활에서 접하는 다양한 문학 작품을 읽을 때에도 적용하도록 한다.
- 다양한 담화 원리를 이해하여 담화의 내용과 형식을 사실적·추론적·비판적·창의적으로 이해하도록 한다.
- 글쓰기의 목적에 맞게 내용을 생성·조직·표현하고, 부족한 부분을 고쳐 쓰도록 한다.
- 국어 활동의 기초가 되는 국어 규범, 언어 단위나 국어사에 관한 지식을 이해하고 탐구하며 적용할 수 있도록 한다.

 AI 시대 엄마가 먼저 알아야 할 최상위 공부법

활용법(1) - 1일 1기사 골라 읽기

기자들은 매일 아침 기사를 확인하는 것으로 하루를 시작한다. 보통 독자들은 정보를 습득하기 위해 기사를 찾지만, 기자들은 정보 습득뿐만 아니라 '정보 제공' 측면에서도 기사를 찾는다. 기사를 생산하는 생산자로서 독자들에게 올바르게 정보를 제공했는지, 보완해야 할 정보는 없는지, 후속으로 어떤 기사를 준비하고 취재해야 할지 등을 살펴보기 위한 차원이다. 본인이 취재한 영역에서 기사를 제대로 전달했는지, 다른 언론사와 비교해 무엇이 빠졌는지 등을 확인하는 작업이기도 하다.

이를 위해 기자들은 여러 매체의 기사를 동시에 보게 된다. 이때 하는 것이 '훑어보기'다. 그날의 모든 기사를 정독하며 읽는 것은 불가능에 가깝다. 즉시 취재거리를 찾아 현장으로 나가야 하는 상황에서 신문에 나온 기사 전체를 한 자 한 자 곱씹으며 볼 순 없다. 넘치는 기사 속에서도 본인 영역의 기사, 관심 있는 기사, 주요 기사들은 눈에 쏙쏙 들어오게 마련이다.

초등학생인 자녀들과 신문 읽기도 훑어보기로 시작하는 게 좋다. 문해력을 기르기 위한 방법 중 하나로 신문 읽기가 거론되고 있지만, 이를 작정하고 덤비는 순간 또 하나의 숙제가 된다. 사회 현안을 파고들며 분석적인 토론이 가능한 수준이 아니라면, 뉴스를 보겠다면서 자세를 고쳐 잡아 1면부터 28~32면이나 되는 끝까지 빠짐없이 읽히겠다는 생각은 버리는 게 낫다.

신문 한 면을 가득 채운 기사는 보통 원고지 25~30매 분량이다. 글자 수로 보면 최대 6,000자다. 광고가 있는 지면을 빼고 기사가 있는 지면만 다 읽는다고 하면 최소 6만 자 이상의 기사를 매일 봐야 한다. 시작도 하기 전에 질릴 수 있다.

대학생 때 영자신문으로 영어 공부를 하겠다면서 야심차게 미국의 시사 주간 잡지인 타임 TIME지를 구독했던 적이 있다. 구독하면 사은품을 준다는 말에 홀랑 넘어간 것도 있었다. 그러나 얼마 가지 않아 타임지는 밀린 과제가 되어 산처럼 쌓여 갔다. 모든 기사를 빠짐없이 읽고 '공부해야 한다'라는 압박에 사로잡혀 나중에는 들춰 보기도 싫었던 기억이 있다. 매일 30페이지 분량인 신문도 '해야 할 공부'가 되는 순간 짐이 될 수 있다.

신문 활용 교육인 NIE에서도 첫 시작은 신문과 친숙해지기를 강조한다. 제목을 중심으로 1면부터 훑어보며 흥미 있는 기사 위주로 골라 읽으며 신문 기사에 익숙해지는 것부터 발을 담그라는 얘기다.

신문을 처음 접하는 아이들은 작은 활자체부터가 낯설다. 스마트폰의 액정 터치와 스크롤에 익숙한 세대라서 그런지 초등학교 3학년 둘째 아이의 경우, 처음 신문을 보고 작은 글씨체 앞에서 손가락을 갖다 대며 줌인·줌아웃을 했다. 익숙하지 않은 매체를 다루는 것

   AI 시대 엄마가 먼저 알아야 할 최상위 공부법

자체가 답답한 상황에서 빼곡히 기사가 채워진 두툼한 신문을 앉아서 정독하자고 하면 지레 겁먹고 저만치 도망간다.

짜장면 먹으면서 바닥 흘림 방지용 깔개로 쓰겠다는 생각 정도로 신문을 가까이 두는 게 중요하다. 밥 먹다가 기사 제목이라도 보게 된다. 제목을 보면 내용이 궁금해진다. 첫 시작은 이렇게 가볍게 두자. 하루에 1개 기사만 보겠다는 생각이면 충분하다.

1개의 기사를 통해 연계할 수 있는 학습은 다양하다. 날마다 새로운 소식들로 신문이 채워지지만, 전혀 관련성 없는 소식들의 나열은 아니다. 시대를 관통하는 거대 담론 속에서 이야깃거리만 달라진다고 보면 된다.

가령, '기후 변화가 우리 생활에 미치는 영향'에 대한 논의는 해마다 끊이지 않는 이슈이지만, 기사에서는 다양한 소재들로 기후 변화를 이야기한다.

2021년 여름 '대벌레 습격'과 관련한 기사를 보자.

> 수리산과 청계산 일대에 대벌레 개체 수가 크게 늘면서 지방자치단체들이 방제에 나섰다. 경기 군포시는 10일 수리산 일대에 다량 서식하는 대벌레에 대한 긴급 방제에 나섰다고 밝혔다. 주말에는 2~3만 명의 등산객이 찾는 수리산에는 약 3년 전부터 대벌레가 나타나기 시작해 최근 불편 신고가 쇄도한 것으로 알려졌다. 시는 지난 3월부터 끈끈이 덫을 놓거나 직접 벌레를 잡는 등 물리적인 방제를 벌이다가 최근 개체 수가 걷잡을 수 없이 늘자 살충제를 살포하기 시작했다.
>
> **수리산·청계산 대벌레 창궐… 지자체 방제 나서, 문화일보, 2021.08.10.**

대벌레는 나뭇가지처럼 가느다랗게 생긴 몸체가 대나무 마디처럼 보인다고 해서 붙여진 이름이다. 날개는 없고 몸길이가 7~10cm로 교과서나 곤충 도감, 자연 과학책에서 대표적인 숨바꼭질 선수로 나온다. 평소 보기 드문 곤충이지만, 최근 몇 년 사이 도심 공원에서도 떼를 지어 출몰한 모습을 볼 수 있다. 대벌레 개체 수가 급증한 이유로는 지구 온난화가 주된 이유로 꼽힌다. 고온다습한 환경이 대벌레 생존에 최적이어서 개체 수가 크게 증가한 탓이다. 최근 비슷한 이유로 개체 수가 급증한 곤충이 또 있다. 바로 '러브버그'다.

> 1일 수도권 지방자치단체에 따르면 지난주부터 여름철 불청객인 러브버그가 대량 발생하며 민원이 속출하고 있다. 전날 기준 인천 지역 8개 구청에 접수된 러브버그 관련 민원만 873건, 이보다 앞서 러브버그가 출현한 서울 지역에 접수된 민원은 6월 24일 기준 누적 1,589건에 달했다. 러브버그는 독성이 없고 사람을 물지는 않지만 사람을 향해 날아드는 습성이 있어 불쾌감을 유발한다.
>
> **물뿌려 쫓고, 빛으로 유인… '러브버그와의 전쟁', 문화일보, 2025.07.01.**

짤막한 기사여도 좋다. 이 기사로 생각해 볼 만한 주제가 생겼기 때문이다. 대벌레와 러브버그 기사에서 관통하는 주제는 기후 변화다. 이 기사로 기후 위기에 대해 생각을 나누는 기회를 가졌다면 그날 신문은 하루치 쓰임을 다했다. 하루에 많은 기사를 읽겠다는 욕심은 접고, 1개 기사만 읽자는 생각으로 시작해 보자. 그 1개 기사를 고르는 사이, 아이가 눈으로 훑은 기사 제목은 이미 10여 개가 넘었

 AI 시대 엄마가 먼저 알아야 할 최상위 공부법

을 수 있다.

어떻게 실천하지?

취재하고 기사 쓰는 일이 업이기는 하지만 기자 또한 워킹맘이다. 시중에 나온 각종 자녀 교육서와 학습법을 소개하는 유튜브, 블로그 등을 보다 보면 "이렇게만 하면 좋겠지만 엄두가 나지 않는다"는 말이 절로 나온다.

아이들이 일어나기도 전에 출근해서 저녁에 퇴근해 옷을 갈아입지도 못한 채 저녁밥 챙겨 주고 이후 설거지, 빨래, 청소하다가 늦은 밤이 되어서라야 서둘러 숙제 봐주다 보면 어느덧 밤 10시가 되기 일쑤다. 이런 일상 속에서 아이들과 언제 같이 기사를 읽고 이야기를 나눌까 싶다. 시간을 따로 빼서 "자, 지금부터는 신문 읽자"라고 말하는 순간 또 다른 일거리만 늘어날 뿐이다.

자기 주도 학습이 잘 되어 있는 아이라면 걱정할 게 없겠지만, 엄마 주도 학습으로 이끌어야 하는 경우라면 여간 고된 일이 아닐 수 없다. 각종 자녀 교육론, 학습 지도법 등은 기자보다 교육 전문가들의 영역일 터, 이론보다는 기자 워킹맘으로서 문해력 높이는 실천 방법을 제시해 보고자 한다. 결론부터 말하자면 문해력 학습이 '일'이 되지 않으려면, 일상이 되어야 한다.

실천1. 어린이 신문 구독하기

신문 기사는 중학교 2학년 수준도 이해하기 쉽도록 써야 한다. 전국민을 대상으로 하는 매체인 만큼, 다양한 연령·직업·학력 수준을 가진 사람들이 동일한 기사를 이해할 수 있어야 하기 때문이다. 특정 계층만 누릴 수 있는 정보가 되어서는 안 된다. 이를 위해 기자들은 전문 용어나 복잡한 문장 구조는 피하고 가능한 한 쉬운 단어와 간결한 문장을 사용해 독자 접근성을 높이려고 한다. 중학생부터 조간, 석간 신문을 읽고 이해하는 데에 어려움이 없다는 얘기다.

이보다 연령이 낮은 초등학생은 쉬운 문체와 난이도로 기사를 작성한 '어린이 신문'을 구독할 수 있다. 어린이 신문에는 방대한 뉴스 중에서도 어린이들이 꼭 알아야 하는 시사 상식과 주목해야 할 이슈들이 담겨 있다. 짧은 호흡으로 읽을 수 있어 읽기 분량에 대한 장벽도 낮다.

어린이 신문은 신문사별로 있다. 일반 신문을 구독하면 어린이 신문을 무료로 받아 볼 수 있고, 어린이 신문만 별도로 신청해 구독할 수도 있다. 주제별 다양한 기사를 접할 수 있는 것은 물론 논란 쟁점에 대해 찬반 의견을 묻는 코너, 기사를 읽고 그에 대한 생각을 정리하는 코너, 생소한 어휘를 정리한 코너 등이 짜여 있다.

분량은 신문사별로 다른데 4페이지(2장)에서 8페이지(4장) 정도로 짧지만, 담겨 있는 정보를 보면 신문 자체가 훌륭한 문해력 교재다. 그뿐만 아니라 독자 코너에서는 동일한 이슈에 대해 다른 친구들은 어떤 생각을 갖고 있는지 나눌 수 있어 단순히 정보와 어휘력 습득뿐만 아니라 사고 확장까지 기대할 수 있다.

한 달에 1만 원 정도의 구독료로 매일 이런 활동들을 한다고 생각해 보자. 커피 두 잔 값 절약해 아이들과 '가난한 커피콩'에 대해 대화할 기회를 만들 수 있다. 무엇보다 어린이 신문은 교재처럼 짜여 있어 워킹맘도 쉽게 NIE 활동을 봐줄 수 있다는 것이 장점이다.

주제에 맞는 기사를 찾아 분류하고, 읽기 쉽게 요약하고, 낯선 단어를 일일이 찾아 풀이해 줘야 한다면 신문 읽기 학습은 아이보다 부모가 먼저 백기를 들 수 있다. 이러한 수고스러움을 덜어 주는 게 어린이 신문이다.

어린이 신문을 구독하면서 아이들과 정한 게 있다. '매일 기사 1개 읽기'다. 취미가 독서이고 이미 고전문학 전집, 과학 전집, 역사책 등을 무리 없이 읽어 나가는 아이라면 4장 분량 정도의 기사는 쉽게 읽을 수 있겠지만 읽기 훈련이 필요한 아이들은 하루에 기사 1개 읽는 것으로 시작하겠다는 마음으로 접근하는 것이 좋다. 아이가 평소 관심 있거나 좋아하는 주제를 고를 수 있도록 해 신문 읽기에 거부감을 없애는 것부터 시작하자.

TIP 1

어린이 신문, 어느 곳에서 신청할까

어린이 신문 구독을 할 때 부모들이 은근히 신경 쓰는 부분이 있다. '어느 신문사의 어린이 신문을 볼 것인가'다. 현재 조선일보, 동아일보, 중앙일보, 한국일보 등이 어린이 신문을 만들고 있다. 어린이 신문에서는 보수·진보 색채가 강한 정치 기사는 크게 다루지 않기 때문에 이를 기준으로 선정하기보다는 아이 수준과 취향에 맞는 짜임새와 형식으로 구성됐는지 등을 보고 판단하는 게 낫다. 또한 어린이 신문만 구독 신청이 가능해 배달하는 지역이 있는가 하면, 단독 신청이 불가해 일반 신문을 구독해야 어린이 신문을 받아볼 수 있는 지역이 있다. 이 때문에 선택할 수 있는 폭이 좁을 수 있다는 점도 염두에 둬야 한다.

그러나 콘텐츠의 질, 아이 눈높이에 맞춰진 기사 수준 등에 있어서는 신문사별로 큰 차이가 없으므로 일단 어느 신문사든 신청하고 보자. 일간지로 볼 것인가 주간지로 볼 것인가, 종이 신문으로 볼 것인가 PDF로 다운받아 볼 것인가 등을 고려해 구독하면 된다.

어린이 신문 종류

■ 일간지

어린이동아 kids.donga.com(월 구독료 1만 원)

어린이조선일보 www.chosun.com/kid/(월 구독료 1만 원)

소년한국일보 www.kidshankook.kr(월 구독료 1만 원)

■ 주간지

소년중앙 sojoong.joins.com(6개월 2만 4,000원, 1년 4만 원)

소년한국플러스 www.kidshankook.kr(월 구독료 1만 원)

틴매일경제 teen.mk.co.kr(월 구독료 1만 원)

주니어생글생글 jrsgsg.hankyung.com(6개월 4만 8,000원)

■ PDF 서비스

어린이조선일보(무료)

어린이동아(1부 500원)

소년한국플러스(월 5,000원, 1년 구독료 6만 원)

"안녕? 종이 신문!" 그날 고른 기사를 읽고 있는 아이

구독 신청을 완료하면 다음 날부터 곧바로 신문을 받아 볼 수 있다. 초등학교 3학년과 6학년 두 아이를 둔 저자는 초등학교 저학년용 코너와 고학년용 코너가 나뉘어져 기사 요약 등의 짜임이 구성된 어린이조선일보로 시작했다. 초등학교 고학년인 큰 아이에게는 1면부터 기사를 훑어 읽고 이 중 흥미 있는 기사를 선택해 읽을 수 있도록 지도한다. 절대 "다 읽어야 한다"는 식으로 부담 주지 않는다.

신문 활용 교육의 첫걸음은 '신문과 친해지기'다. 대학교 신문방송학 전공 수업에서도 기사 쓰기 강의 첫 수업이 각 신문사의 1면 비교해 보기였다. 아이와 신문 읽기를 시작할 때에도 1면 구성부터 살펴보자. 1면은 신문의 얼굴이다. 어린이 신문에도 1면에는 그날 가장 중요한 이슈가 담긴다. 헤드라인 제목과 부제목, 기사 배치 등을 살펴보고 신문사별로 어떤 점이 다른지 등 비교하면서 종이 신문과 인사해 보자. 초등학교 고학년 이상은 어린이 신문과 일반 신문을 병행해 봐도 좋다. 이 활동을 위해 신문 2~3개씩 구독할 필요는 없다. 최근에는 블로그나 카페, 커뮤니티 등에서 '오늘의 1면 기사'를 스크랩해 올리는 경우가 많다. 경제 블로거나 커뮤니티에서 활성화되어 있는데 이를 프린트해 보거나 가판대에서 필요할 때마다 사 보면 된다. 온라인과 유튜브가 익숙한 아이들에게 "이게 종이 신문이야"라고 소개해 주는 정도로 가볍게 시작하자.

실천2. 핵심만 확인해도 달라지는 독해력

저학년 대상의 기사는 주로 3단락, 고학년은 5~6단락으로 짜여져 있다. 한 주제에 세부 취재들이 촘촘히 나열된 일반 기사와 달리 핵심만 추려서 요약본처럼 다뤄졌다는 게 특징이다. 짧다고 느껴질 수 있지만 한 단락에 3~6문장으로 이뤄져 있기 때문에 한 기사당 저학년은 15문장, 고학년은 20문장을 읽게 된다. 그렇다면 한 문장에 담긴 단어는 몇 개일까. 5~9개 가량의 단어가 한 문장을 이룬다. 매일 기사 1개씩만 읽는다고 해도 1년이면 최소 2만 7,000여개의 단어를 접하게 되는 셈이다. 욕심내거나 무리하지 않고, 꾸준히만 한다면 어휘력 향상은 따라올 수밖에 없다.

종이 신문으로 된 어린이 신문을 구독하면 아이에게 어느 기사를 보여 줄지 고민해야 하는 시간과 수고로움을 덜 수 있다. 물론 신문사 홈페이지에서 회원가입 후 한 부당 500원 혹은 무료로 PDF로 다운받아 출력해 보여 줄 수도 있다.

그러나 신문은 꾸준히 읽는 게 중요하다는 점에서 '매일 출력해 보여 줄 수 있는가'에 답할 수 있어야 한다. 퇴근하자마자 집안일이 산처럼 쌓여 있는 상황에서 매일 홈페이지에 들어가 일일이 출력한 후 아이들에게 과제 던져 주듯 읽어 보라고 권하는 일이 생각보다 번거로울 수 있다. 바쁜 일상에서 깜빡하고 놓치는 경우도 종종 생긴다. 휴대폰 화면에서 손가락을 위로 움직여 스크롤해 가며 기사 읽는 게 익숙한 아이들에게 옆으로 넘겨 읽는 즐거움을 느끼게 해 줄 수도 있는 종이 신문을 추천한다. 등교하기 전 10분, 혹은 부모가 퇴근 후 식사 준비를 하는 10분 동안 기사 1개를 선택해 읽고 5분간 서로 토론하는 시간을 갖는 방식으로 신문 읽기에 도전해 보자.

거창할 필요 없다. 아이가 기사의 핵심 내용을 잘 파악하고 있는지만 확인한다는 마음으로 시작하자. 다만, 예상치 못한 포인트에서 아이가 놓치고 있는 부분들이 있기 때문에 아이가 읽은 기사는 부모도 함께 읽고 이야기를 나누면 좋다.

둘째 아이와 민생회복 소비 쿠폰과 관련한 기사를 읽었을 때다. 경제 회복을 위한 마중물 차원에서 정부가 전국민 대상으로 민생회복 소비 쿠폰을 지급했는데, 곳곳에서 이와 관련한 미담 기사가 나왔다. 본인에게 지급된 15만 원의 지원금 전액을 무더위에 지친 소방관에게 커피 선물로 쓴 사례가 그중 하나다. 이 시민의 선행에 대해 이야기 보따리를 풀어 나가던 중 아이가 작성한 글을 보고 고개를 갸웃했다. 기사에서는 발생 장소가 '강원도 춘천 지역 소방서'라고 적혀 있었는데, 아이는 '강원도 순천'에서 일어난 일이라고 썼기 때문이다.

단순히 헷갈렸다고 핑계 댈 수 있는 문제가 아니다. 순천이 전라도에 있다는 사실을 몰랐다고 하더라도, 주어진 지문을 제대로 읽지 못해 일어난 실수이기 때문이다. 지명이 아니라 중요한 핵심 정보를 오독했다면, 글쓴이의 의도와는 전혀 다른 맥락으로 내용을 이해하는 우를 범할 수도 있다.

시험에서도 마찬가지다. 학창 시절 문제를 잘못 읽고 틀린 경험이 있는가? 분명히 '옳지 않은 것'을 물었는데 '옳은 것'을 찾거나, '정답을 2개 이상 고르시오'라고 했는데 1개만 고르는 식이다. 문제를 잘못 읽고 틀리는 것도 문해력과 연결된다. 한두 번에 그쳤다면 실수였을 수 있지만, 여러 번 누적됐다면 실력이 된다.

신문 읽기를 꾸준히 해야 하는 것은 이러한 오독을 줄이는 연습이기도 하다. 단순히 어떤 내용을 담은 기사인지 주요 내용을 뽑는 것에 그치지 않고, 기사에 나온 세부 정보를 확인하면서 '정확히 읽었는가' 확인해 주는 것이 필요하다. 1일 1개 기사를 선택하는 것은 일단 기사를 고른 뒤에는 선택한 기사를 정확하고 꼼꼼하게 읽게 하기 위함이다. 부모는 정확히 읽었는지 몇 가지 질문을 통해 확인해 주면 된다.

이러한 과정은 차차 단순한 사실 확인을 넘어서 맥락, 정보 재구성, 비판적 사고력까지 아우르게 해 준다. 아래는 신문 기사 독해 후 아이에게 던질 수 있는 다섯 가지 질문 예시다.

① 정보 이해

Q. 이 일이 일어난 장소는 어디였지?

→육하원칙에 따라 제공된 정보를 정확히 이해했는지 묻는 질문

② 핵심 파악

Q. 기사에 나온 인물은 어떤 활동을 했니?

→핵심 내용, 주요 사건을 정확히 파악했는지 확인

③ 추론

Q. 왜 이런 활동을 했을까?

→단순한 사실이 아닌 동기와 행위의 이유, 의도를 추론하게 하는 질문

④ 이해 확장

Q. 너라면 어떻게 했을 것 같니?

→기사와 자신의 생각을 연결하게 하는 이해 확장 질문

⑤ 세부 사항 검토

Q. 기사에 나온 구체적인 숫자나 표현 중 기억나는 게 있니?

예) 해당 인물이 구입한 커피는 총 몇 잔이었지?

→정확히 읽었는지, 정보의 세부까지 눈에 들어왔는지 점검

아이는 순천 여행을 다녀온 직후라서 '강원도 춘천'이라고 읽고 '강원도 순천'이라고 적었다고 했다. 이러한 오류를 줄여 주는 것이 신문 읽기 교육 중 하나다. 소비 쿠폰으로 하고 싶은 일을 적은 란에

◆민생 회복 소비 쿠폰은 언제부터 지급됐나요?

= 지난 7월 21일 우리나라.

◆유오균씨가 커피를 전달한 곳은 어디인지 기사에서 찾아 적어 보세요.

= 강원도 순천경찰서.

◆여러분이 받은 소비 쿠폰으로 선물을 한다면, 누구에게 하고 싶은지 이유와 함께 적어 보세요.

= 제가 만약 쿠폰을 받으면 가족한테 쓸 것 같아요. 왜냐하면 우리 가족이랑 떡복이를 먹을거 같아요.

아이와 실제로 기사를 읽고 진행한 질문과 답변지

아이는 이렇게 적었다.

"제가 만약 쿠폰을 받으면 가족한테 쓸 것 같아요. 왜냐하면 우리 가족이랑 떡볶이를 먹을 것 같아요."

떡볶이의 받침은 바로잡아 줬지만 아이의 생각에는 폭풍 칭찬해 줬다. "마음이 정말 따뜻하다. 가족에게 쓰고 싶구나. 고마워!" 다음 날 우리의 간식은 떡볶이였다.

초등학교 시절 어휘를 얼마나 폭넓게, 정확하게 익혔는가는 이후의 학습 능력을 좌우한다. 어휘력이 부족하면 시험에서 겪을 수 있는 문제가 무엇인지 예를 들어보자.

〈지문〉

> 민수는 어릴 때부터 곤충을 무척 좋아했다. 집 앞 공원에서 나비와 딱정벌레를 잡으며 시간을 보내는 것이 가장 큰 즐거움이었다. 하지만 곤충을 기르는 일이 쉽지만은 않아, 매일 먹이를 챙기느라 힘든 점이 있었다.

이 지문을 읽고 '주인공의 고충은 무엇인가'를 물었다고 치자. 올바른 대답은 '매일 먹이를 챙기는 것'이 되겠지만, 고충(괴롭고 힘든 일)이라는 단어 뜻을 모르면, 질문 자체를 이해하지 못하고 답을 구하지 못하는 경우가 생긴다. 심지어 곤충(벌레)을 고충으로 잘못 쓴 것이 아닌가 싶은 생각까지 들 수 있다. 이렇게 되면 전혀 엉뚱한 답이 나온다. '주인공의 곤충은 나비와 딱정벌레다'라는 식이다.

교육 전문가들이 한결같이 강조하는 부분이 바로 어휘력이다. 어휘력이 부족하면 교과서를 읽다가도 금세 막히게 된다. 사회 교과의 개념, 과학 실험의 설명, 수학 문제의 상황 제시문까지 모두 어휘로 이뤄져 있는데, 단어 뜻을 모르면 맥락이 끊겨 버리기 때문이다. 반대로 어휘가 탄탄한 아이는 새로운 내용을 받아들이는 데 자신감을 갖고, 스스로 공부할 수 있는 힘을 키울 수 있다. 학교 현장에서도 진도를 나가야 하는데 아이들이 단어 뜻을 몰라 개념어 설명에만 시간을 허비하는 일이 허다하다고 한다. 초등학교 때부터 어휘를 다져 놓지 않으면, 중고등학교에서 속도전을 펼칠 수 없다. 결국 초등학교 때 익힌 어휘가 중학교, 고등학교 학습의 기초 체력이 되는 셈이다.

또 하나 놓치지 말아야 할 것은 '맞춤법'이다. 어휘를 풍부하게 알고 있더라도, 맞춤법이 틀리면 글쓰기와 사고 표현에 제약이 생긴다. '나중에 고쳐지겠지'라고 생각할 수도 있다. 그러나 한번 잘못 익힌 맞춤법은 쉽게 고쳐지지 않는다. 초등학교 2학년이 되면 학교에서 '맞히다'와 '맞추다' 등 틀리기 쉬운 단어를 공부한다. 이때 바로잡지 않으면 성인이 되어서도 과녁을 '맞추는지, 맞히는지' 헷갈려한다. 짐을 '부쳐야 하는지, 붙여야 하는지' 등도 혼란스러워한다. 결국 초등학교 시기는 단순히 글자를 배우는 시기가 아니라, 어휘와 맞춤법을 동시에 다져 놓는 결정적인 시기다. 이 시기를 어떻게 보내느냐에 따라 아이들의 문해력은 평생 달라질 수 있다.

어휘력 향상을 위한 게임

① 온 가족 N행시 대회

영어 단어 외우기보다 한글 어휘력 높이는 게 더 수월한 이유는 모국어로 일상생활에서 익힐 수 있기 때문이다. 일단 아이들에게는 공부가 아니라 놀이로 다가갈 수 있도록 하는 게 중요하다. 이때 좋

　　　　　　　　　　　　AI 시대 엄마가 먼저 알아야 할 최상위 공부법

은 방법 중 하나가 온 가족이 참여하는 N행시 짓기다. 저학년부터 고학년까지 거부감 없이 참여할 수 있다. N행시를 짓는 동안 본인이 알고 있는 단어 조합과 문장을 총동원해야 하기 때문에 순발력도 기를 수 있다. 향후 직장 생활에서 회식 때 삼행시 건배사를 해야 할 때도 당황하지 않을 수 있다는 점도 덤이라면 덤일까. 지금이야 회식이 많이 사라졌지만, 신문사 수습 때에는 왜 그렇게들 선배 이름으로 운을 띄워서 삼행시를 짓게 했는지 모르겠다.

우선, 그날 읽은 신문 기사에서 세네 글자로 이뤄진 주요 단어를 찾아 운을 띄운다. 온 가족이 참여할 수 있도록 공책에 적어 돌아가면서 시를 짓거나, 퇴근 후 저녁 식사를 할 때 돌아가면서 얘기하는 방법도 있다. 아이들이 '도화지'로 지은 삼행시를 소개해 본다.

도: 도로 위 밤하늘 황홀한 모습도
화: 화려한 궁전 속 장식들도
지: 지워도 마음 속에 남겠지

감수성이 풍부한 큰 아이는 시적인 음률을 좋아한다. '층간소음'과 같은 사건 사고 기사에 나온 핵심어로 운을 띄워도 '층층마다, 간간이 소리가 들려온다, 음악 같지 않은 음악의 악보가 휘날리며'라고 쓴다.

반면 장난기 많은 둘째 아이는 개그 코드를 넣는다. 혼자 삼행시를 완성하기 어려울 때에는 부모와 번갈아 가면서 시를 완성하게 한다. 그렇게 아빠와 지은 시는 이렇다.

도: 도시락 까먹으려고 열었는데

화: 화장실이 급해졌다.

지: 지렸다, 똥을…

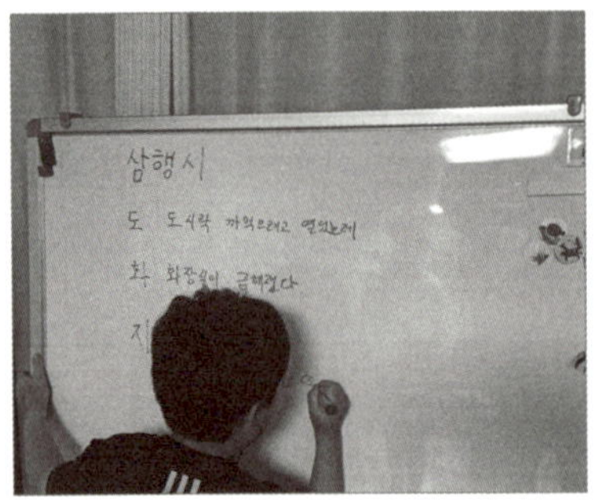

아이와 함께 한 어휘 게임

② 혼자 하는 끝말잇기

놀이 형식으로 흥미를 잃지 않고 단어 학습에 참여할 수 있는 방법으로는 '끝말잇기'도 있다. '누가 더 오래 이어 가나' 하는 경쟁 요소가 있기 때문에 승부욕 있는 아이들은 몰입력을 높일 수 있다. 차 타고 이동하는 빈 시간에도 할 수 있어 효과적인 틈새 어휘 학습이 된다.

단어의 끝 글자와 시작 글자를 맞춰야 하기 때문에 자연스럽게 정확한 철자와 발음을 확인할 수 있다. 또한 제한된 조건 안에서 단어를 떠올려야 하기 때문에 사고력도 자극한다.

다만, 끝말잇기는 한두 회차 지나면 아는 범위의 단어만 맴돌게

   AI 시대 엄마가 먼저 알아야 할 최상위 공부법

된다는 한계에 다다르게 된다. 이때 필요한 게 신문이다.

신문을 통한 끝말잇기는 기사 속 단어를 찾아 끝을 이어 가며 찾는 활동으로, 혼자도 할 수 있다. 매번 똑같은 단어에서 벗어나 새로운 단어로 끝말을 이어 갈 수 있다는 점에서 어휘 확장에 도움을 준다. 신문 기사에서 '시간'이라는 단어를 찾았다면 다음은 '간'으로 시작하는 단어를 찾는 식이다. 이때 어린이 신문으로는 세 단어 이상 진도 나가기가 어렵다. 어린이 신문은 분량이 4~8면으로 일반 신문에 비해 적기 때문에 '간'으로 시작하는 단어를 찾는 게 생각보다 쉽지 않을 수 있다. 일반 신문 지면은 32~34면으로 이뤄져 있어 찾을 수 있는 단어량 자체가 훨씬 풍부하다. 사건 사고 기사부터 문화면, 오피니언 면에 이르기까지 찾을 수 있는 단어는 '간헐적', '간식', '간간히', '간수' 등으로 어린이 신문보다 많다.

일반 신문에서 찾는 것이 방대하다고 느껴진다면 어린이 신문에서도 특정어로 시작하는 단어를 찾도록 하면서 어휘력 확장 효과를 낼 수 있다. 반드시 끝말잇기에만 매달릴 필요 없다. 예를 들어 '정'이 들어간 글자 찾기, 'ㅎ' 받침 있는 글자 찾기, 외래어 찾기 등으로 과제를 주면 된다. 다만, 기사 내용은 보지 않고 과제 자체만 수행하는 데에 급급해하는 일은 없는지 살펴봐야 한다.

③ 빙고 게임

기사에서 찾은 어려운 단어, 몰랐던 말, 새로운 용어를 체크해서 빙고 게임을 즐기는 것도 좋다. 빙고는 4칸 빙고로 시작해 9칸, 16칸

등으로 늘려 가면 된다.

신문에서 단어를 찾는 과정 자체가 아이에게는 새로운 어휘 탐험이 된다. 단순히 글자를 보는 데서 그치지 않고, "이 단어는 무슨 뜻일까?", "이 말은 어떤 상황에서 쓰일까?" 하는 질문을 함께 던지며 의미를 확인해 주면 학습 효과가 더욱 커진다.

빙고판에 단어를 채운 뒤 기사를 읽어 나가며 해당 단어가 나오면 체크하는 방식으로 진행하면 된다. 게임 형식이라 아이가 지루해하지 않고, 반복적으로 단어를 접하므로 기억에 오래 남는다. 또, 가족이 함께 참여하면 경쟁과 협동이 어우러져 학습 분위기도 한층 즐거워진다. 아이가 점차 익숙해지면 '주제 빙고'로 확장해, 과학 기사에서만 찾은 단어, 경제 기사에서만 찾은 단어처럼 분야별 어휘를 모아 보는 것도 좋다.

문장력 기르기

① 새로운 단어로 문장 만들기

어휘력을 쌓았다면 다음 단계는 문장력이다. 새롭게 어휘를 배웠다고 해도, 실생활에서 어떻게 활용하는지 모른다면 죽은 단어가 된다. 개념어처럼 생소한 어휘를 뽑아 아이에게 새로운 문장으로 만들어 보게 한다. 스스로 문장을 지으면서 '이렇게 쓰이는구나' 알 수 있다.

예를 들어, 스니크플레이션(물가가 한 번에 뛰지 않고, 기업과 유통망을 거쳐 소비자에게 조금씩 전가되며 체감되는 가격 인상) 관련한 기사에서는 '인상', '수입', '체감' 등의 단어가 나온다.

우선, '**인상=가격을 올린다, 수입=외국 물품이나 문화를 들임, 체감=몸으로 감각을 느낌**'이라는 식으로 단어의 뜻을 파악하도록 한 뒤 이들 단어를 활용해 아이에게 예문을 작성하도록 한다. 새 단어를 내 것으로 체화하는 과정이다.

아이는 '오레오 가격을 **인상**했다', '이 장난감은 중국에서 **수입**했다', '고래의 크기를 **체감**했다'는 식으로 써 냈다. 간결한 문장 속에서도 단어 뜻을 얼마나 정확히 알고 있는지 확인할 수 있다.

② 편집자가 되어 기사 제목 구멍 채우기

신문이나 온라인 기사 제목에는 핵심 어휘가 담겨 있다. 하지만 아이들은 긴 글보다 짧은 제목을 이해하는 데 오히려 더 어려움을 느낄 때가 많다. 제목은 압축적이고 비유적인 표현을 자주 쓰기 때문이다. 이럴 때 활용할 수 있는 방법이 바로 '제목 구멍 채우기' 활동이다. 기사의 제목에서 중요한 단어 하나를 비워 두고, 아이가 직접 채워 넣도록 하는 방식이다.

예를 들어 '○○에 최고 60㎜ 예보… 드디어 ○○○○'라는 제목을 보여 주고, 빈칸에 들어갈 적절한 단어를 아이가 찾아 넣게 한다. 글의 요지 및 정확한 정보 파악 능력을 기를 뿐만 아니라 같은 맥락을 다양한 어휘로 표현할 수 있도록 해 문해력을 확장하는 데에 도움을 준다.

위 제목의 경우, 아이는 제목을 새롭게 구성하면서 비가 내리는 지역이 '강릉'이라는 구체적인 정보를 재확인하고, 가뭄이 해결된 것에 대한 다양한 표현을 익힐 수 있다. 기사 제목에서는 '가뭄 해갈'이라고 쓰였다면, 아이들은 **가뭄 끝나, 단비 내려, 빗줄기 쏴!, 논밭 웃나** 등으로 자신들만의 언어로 다시 짓는다. 어휘력과 표현력을 동시에 기를 수 있다.

이 활동은 글의 핵심 파악 능력, 요약 능력, 표현력을 동시에 키워 준다. 무엇보다도 아이가 단순히 독자가 아니라 작은 편집자, 글쓴이의 입장에서 생각해 보는 경험이 된다는 점에서 큰 의미가 있다.

③ 초성 놀이

신문에서 나온 핵심어를 가지고 초성 놀이를 해 보는 것도 문장력과 표현력을 키우는 좋은 방법이다. 기사 속에서 '백악관'이라는 단어를 찾았다면, 'ㅂ·ㅇ·ㄱ' 세 글자를 초성으로 삼아 문장을 지어 보게 한다. 단순히 단어 맞추기(ㅂ→백악관)로 끝내면 금세 흥미가 떨어지지만, 아이가 직접 초성으로 시작하는 문장을 이어 가도록 하면 놀이가 훨씬 흥미로워진다. 또한 한 명이 모든 초성 문장을 완성하지 않고 가족들이 돌아가면서 릴레이식으로 이어 쓰게 하면 더욱 재미있는 표현이 나온다.

ㅂ : 부스럭부스럭 소리를 내며 내 동생은 오늘도 나 몰래 과자를
　　 먹었다. (큰아이)

ㅇ : 오잉? 어떻게 알았지? 형도 나 몰래 아이스크림 2개나 먹었잖아. (둘째 아이)

ㄱ : 고만해라, 마이 묵었다 아이가. (아빠)

이처럼 아이들은 초성 글자에 맞는 단어를 스스로 찾아내고, 이를 문장으로 연결하면서 창의적으로 글을 완성한다.

다만 규칙을 정해 줘야 한다. 문장의 흐름과 연결성이 자연스러워야 하며, 뜬금없이 끼워 넣은 단어는 인정하지 않는다. 이렇게 하면 단어 선택에 신중해지고, 이야기의 맥락을 고려하면서 문장을 지어야 하므로 문장력과 사고력이 동시에 자란다. 초성 놀이는 어휘 확장, 문장 구성, 맥락 이해를 동시에 키워 주는 활동이 된다. 놀이처럼 즐기면서도 글쓰기의 기초 훈련을 할 수 있다는 점에서, 가정에서 꾸준히 활용하기에 적합하다.

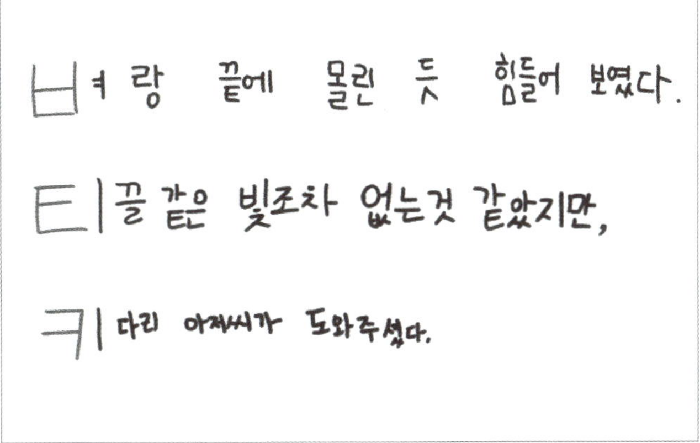

아이와 함께 한 초성 놀이 예시

3줄로 끝내는 핵심어 활용 글짓기

왜 3문장 요약일까. 기사나 책 등을 읽고 난 뒤 감상평을 풀어내는 것은 오히려 수월하다. 주관적인 느낌을 얘기하는 것이기 때문에 아이들에게 "이런 뉴스 읽고 어땠어?"라고 물으면 돌아오는 대답은 뻔하다. 좋았다, 안타까웠다 등 단편적인 대화로 끝나게 마련이다.

그럼 부모는 단답식 대화에서 벗어나고자 "기사 내용이 뭐였어?" 혹은 "무슨 이야기였어?"라고 질문을 이어 간다. 이후부터는 아이는 열심히 얘기해 준다. 그러나 혹시 아이가 요점은 짚지 못한 채, 읽은 내용 그대로를 복사기 수준처럼 펼쳐 내고 있는 것은 아닌지 살펴보자. 앞뒤 배경 설명부터 곁가지 이야기까지 다 늘어놓느라 10분 넘게 장황하게 설명할 때도 있다. 심지어 천 단위 숫자까지 정확하게 기억하고 짚어 내는 일도 있다. "기억력이 대단하구나!"라고 칭찬해 주지만, 중요한 것은 그러한 방대한 내용을 압축하는 힘이다.

"지금까지 해 준 이야기를 3문장으로 요약해서 말해 줄래?"라고 하면 아이 머리에서 흡사 컴퓨터 부팅하는 소리가 나는 듯하다. 광활하게 펼쳐진 원본 데이터를 내 것으로 가공해서 차곡차곡 쌓아 올리는 과정이 눈에 보인다. 무엇부터 서두에 꺼내야 할지, 중요한 핵심 정보는 무엇이었는지, 그래서 이야기의 끝은 어떻게 끝났는지, 이러한 정보는 단 3줄로 어떻게 담아낼지 고민하는 그 몇 초 동안 뇌에 엄청난 자극을 일으킨다. '3문장 요약' 훈련이 필요한 이유는 다음과 같다.

첫째, 요약은 핵심을 뽑아내는 힘을 길러 준다.

둘째, 제한된 문장 속에 정보를 담으려면 주제 파악 능력이 생긴다.

셋째, 나중에 글을 쓰거나 발표할 때도 '요지를 짧고 정확하게 말하는 습관'이 자리 잡게 된다.

이러한 3문장 요약 훈련을 위해 효과적인 글이 바로 신문 기사다. 기사는 구조가 명확하다. 제목과 서두에서 핵심 사실을 던지고, 중간에 이유나 배경을 설명하며, 끝에서 결과나 전망을 제시한다. 기사를 요약하는 것만으로도 아이는 글의 뼈대를 잡는 눈을 기를 수 있다. 아이에게 책이나 글을 읽게 한 뒤, 이렇게 3가지 질문을 던져 보자.

- 주인공이 누구야? 무엇에 대한 이야기야? (핵심 인물·핵심어)
- 무슨 일이 있었어? (핵심 사건·주제)
- 그래서 어떻게 됐어? (결과)

이 세 질문에 답을 모아 문장 3개로 정리하면 된다. 처음에는 책을 읽고 시도해 보자. 아이가 줄줄이 설명할 때는 "이야기를 잘 기억했구나" 하고 칭찬 먼저 한다. 그다음 "그럼 딱 3문장으로만 정리해 볼래?" 하고 제안한다. 이때 아이는 대체로 어려워한다. 바로 요약 능력이 아직 훈련되지 않았다는 증거다.

〈서동요〉를 예로 들어 보자. 둘째 아이에게 줄거리를 이야기해 달라고 했더니, 아니나 다를까 서동의 탄생 설화부터 꺼내기 시작했다. 이야기를 시작한 지 5분이 지났는데도 서동이 선화공주를 만나려면 10년도 더 남았다. 책 읽은 순서대로 이야기를 고스란히 전해주고 있어서다. 이때 위 세 질문을 차례로 던진 후 정리하면 이렇게 요약할 수 있다.

- 서동이라는 백제 사람이 있었어. (핵심 인물)
- 그는 가난했지만 신라 공주를 좋아했고, 선화공주와 함께하기를 소원하는 내용의 노래를 지어 아이들에게 부르게 했어. (핵심 사건)
- 결국 소문이 퍼져서 마침내 공주와 결혼하게 되었어. (결과)

이렇게 하면 이야기를 3문장으로 압축할 수 있다. 아이는 핵심 인물, 사건, 결과라는 뼈대에 맞춰 글을 바라보는 눈을 기르게 된다.

책보다 기사 요약을 먼저 시도하는 것도 좋은 방법이다. 기사는 대체로 짧으면서도 기승전결 구조가 명확하게 담겨 있다. '누가, 언제, 어디서, 무엇을, 왜, 어떻게'라는 육하원칙이 기사에 기본적으로 녹아 있기 때문이다. 그래서 짧은 기사 하나를 3문장으로 요약하는 것만으로도 아이는 글의 전체 구조를 한눈에 파악하는 훈련을 할 수 있다.

이번에는 앞서 예로 든 강릉의 비 관련 기사로 3문장 요약을 해보자.

〈예시문〉

> 강릉을 비롯한 동해안 지역에 주말 동안 강한 비가 내릴 것으로 예보됐다. 기상청은 오는 14~15일 이틀간 강릉에 30~80㎜, 일부 지역은 100㎜ 이상의 비가 내릴 수 있다고 밝혔다.
> 이번 비는 오랜 가뭄으로 큰 어려움을 겪던 지역 주민들에게 반가운 단비가 될 전망이다. 최근 강릉에서는 제한 급수가 시행될 정도로 물 부족이 심각했으며, 농민들은 메마른 논밭 탓에 큰 피해를 호소해 왔다. 다만 전문가들은 "이번 비가 가뭄 해갈에 일부 도움이 되겠지만 근본적인 해소에는 부족하다"고 지적했다. 정부는 앞으로 기후 변화에 따른 극한 가뭄에 대비해 물 관리 체계를 강화하고, 장기적인 대책을 마련하겠다고 밝혔다.

① 핵심어 찾기

모든 글은 주제가 있다. 그 주제는 핵심 단어를 통해 드러나는데, 다른 표현으로 치환되더라도 반복돼 나오면서 글 전체를 이끌어 나간다.

위 글에서 핵심어는 '강릉, 비, 가뭄, 해갈'이다.

② 중심 문장 찾아 핵심 사건이 무엇인지 파악하기

신문에서는 중심 문장 찾는 것이 동화책 등보다 훨씬 쉽다. 보통 리드문에 육하원칙이 다 들어가 있기 때문이다. 위 글에서도 두 번째 문장에 다 들어갔다. 아이들에게 이 리드 문장만 찾도록 도와주면 된다. 위 기사에서 이유는 뒤의 문장에 나온다.

- 기상청은(누가)
- 오는 14~15일 이틀간(언제)
- 강릉에(어디서)
- 30~80㎜, 일부 지역은 100㎜ 이상의 비가(무엇이)
- 내릴 수 있다고(어떻게) 했다.
- 강릉에서는 제한 급수가 시행될 정도로 물 부족이 심각했으며 농민들은 메마른 논밭 탓에 큰 피해를 호소해 왔다.(이유)

③ 결과 이끌어 내고, 문맥에 맞게 정리하기

핵심 사건까지 정리했다면, 이후 결과가 어떻게 됐는지 확인하고 지금까지의 내용을 정리하도록 하자. 다음은 '그래서 어떻게 됐어?'라는 마지막 질문에 대한 답이다.

- 정부는 앞으로 기후 변화에 따른 극한 가뭄에 대비해 물 관리 체계를 강화하고, 장기적인 대책을 마련하겠다고 밝혔다.(결과)

이러한 과정을 거쳐 세 문장으로 정리한 글은 다음과 같다.

- 강릉에 오는 14~15일 이틀간 많은 비가 내릴 예정이다.
- 이 지역은 그동안 가뭄이 심해 제한 급수까지 실시했다.

   AI 시대 엄마가 먼저 알아야 할 최상위 공부법

- 정부는 이번 가뭄을 계기로 장기적인 물 관리 대책을 마련하겠
  다고 밝혔다.

활용법(2) - 따라 쓰기

이처럼 3문장으로 핵심을 요약 정리할 수 있는 힘은 훈련에서 나온다. 당연한 말이겠지만 많이 읽고, 많이 써야 길러진다. 지금까지 읽기 훈련에 초점을 맞췄다면 이번에는 쓰기 훈련을 할 차례다. 신문 뉴스를 읽고 할 수 있는 쓰기 훈련으로는 필사(베껴 쓰기)를 꼽을 수 있다. 정확한 사실과 탄탄한 논리를 바탕으로 육하원칙 구조에 맞게 쓴 기사를 단순히 옮겨 적는 것만으로도 문해력 향상에 큰 도움을 준다. 필사를 하는 동안 글의 핵심을 파악하고, 기승전결 구도로 이어지는 글의 흐름을 따라가게 되기 때문이다. 개별적인 문장들이 어떻게 이어지는지 파악하고, 같은 표현이라도 어떤 어휘를 써서 반복을 줄이는지 등을 알 수 있다.

기자들도 필사를 한다. 기자들은 언론사에 입사하기 위해 이른바 '언론 고시'라고 하는 입사 시험을 치른다. 논술·작문, 시사 상식, 영어 등을 보거나 최근에는 인턴으로 시작해 3~6개월 간 직무를 익힌 뒤 정식 기자 명함을 받기도 한다. 이를 통과했다고 해서 바로 기사를 쓸 수 있는 자격이 생기는 것은 아니다. 대학에서 신문방송학이나 언론정보학 등 관련 학과를 졸업해도 수습 때 선배들로부터 "이걸 기사라고 썼냐"라고 핀잔 듣기 일쑤다.

갓 수습 딱지를 뗐을 때다. 신문 한 면 전체에 한 지방공공기관의

대표 인터뷰를 실은 적이 있다. 200자 원고지 25매에 달하는 분량을 써야 하는데, 당시 데스크(부장)는 인물에 초점을 맞춰 인터뷰 기사를 쓰라고 주문했다. 질문과 답변 형식의 인터뷰 기사였다면 그 자리에서 나눈 대화를 서술하는 것으로 부담을 덜었을지 모른다. 그러나 독자들의 집중력을 처음부터 끝까지 끌고 가면서 5,000자로 술술 풀어 내기에는 내 글솜씨가 형편없었다. 결국 호되게 호통을 듣고 눈물 쏟았던 기억이 있다. 그때 데스크가 해 준 조언이 있다. 다른 기사를 '많이 읽고, 따라 써 보라'는 거였다.

다른 기자들도 저마다 비슷한 경험담이 있다. 한 후배는 3~4년 차 때의 기억을 끄집어냈다. "기사를 이것밖에 못 쓰냐"고 매섭게 몰아세운 데스크 때문에 한 달여간 A4 용지 한 가득씩 필사했다고 했다. 그는 당시 선배한테 혼났다는 사실에 오기로 필사하기 시작했는데, 지금 와서 되돌아보니 그때 한 필사 훈련이 기사 쓸 때 많은 도움이 됐다고 회상했다. 이처럼 필사는 기자들도 인정한 효과적인 글쓰기 훈련 방법이다.

최근에 필사가 다시 유행이다. 서점에 필사책만 따로 모아서 파는 코너가 마련될 정도다. 신문 기사 필사와는 다른 이유로 인기를 끌고 있지만, 다양한 형태의 필사는 남의 언어를 베껴 쓰면서 다양한 표현을 익히고, 정서 발달까지 기대할 수 있다는 측면에서 도움이 된다.

     AI 시대 엄마가 먼저 알아야 할 최상위 공부법

어떻게 실천하지?

실천1. 원문 필사—'경어체'를 '기사체'로 바꾸면서 필사하기

어휘와 문장 구조를 가장 직접적으로 익히는 방법은 원문 필사다. 어린이 신문은 일반 신문과 달리 서술어가 높임말로 되어 있는 경우가 많다. "~습니다" 같은 경어체 표현은 일상적인 존댓말이지만, 실제 기사체에서는 "~했다"와 같은 평서문 어미가 쓰인다. 아이

■ 문장 어미를 바꿀 부분 미리 표시하기

지난 9월 5일, 미국 조지아주의 현대차그룹·LG에너지솔루션 합작 배터리 공장 건설 현장에서 큰 사건이 벌어졌습니다. 미국 이민세관당국이 외국인 노동자 475명을 한꺼번에 체포한 겁니다. 그중 317명이 한국인이었습니다.

현장에는 수십 대의 차량과 작업 도구가 그대로 남겨졌어요. 노동자들은 저항할 틈도 없이 곧바로 포크스턴 구금시설로 이송됐습니다. 미국 측은 이들이 불법체류 상태이거나 체류 자격을 위반했다고 설명했죠.

이 소식은 한국 사회에도 큰 충격을 줬습니다. 특히 사회관계망서비스(SNS)에는 열악한 구금시설의 환경과 식사 문제 등이 퍼져 나갔습니다. 하지만 무엇보다 힘든 건 언제 풀려날지 알 수 없다는 불안감이었죠. 다행히 노동자들은 지난 12일 전세기를 타고 고국으로 돌아왔습니다.

이번 대규모 단속은 트럼프 행정부의 강경한 이민정책 속에서 일어난 일입니다. 도널드 트럼프 미국 대통령은 불법 이민자 단속을 강화해왔고, 그동안 외국인 노동자가 많은 농장이나 공장도 여러 차례 급습했어요. 하지만 이처럼 한국인 수백 명이 한 번에 구금된 것은 처음입니다.

체포 소식에 한국 외교부는 즉시 대응했어요. 조현 외교부장관은 직접 미국을 방문해 마코 루비오 미국 국무장관 겸 백악관 국가안보좌관을 만났습니다. 노동자들이 전세기를 타고 귀국할 수 있도록 확인했고, 앞으로 다시 미국에 가서 일할 때 문제가 생기지 않도록 약속도 받았죠.

노동자들은 전세기로 바로 귀국할 예정이었지만, 트럼프 대통령의 지시로 절차가 잠시 중단되기도 했습니다. 그는 한국 노동자들이 숙련돼 있으니 미국에 남아서 미국 사람들을 교육하는 방안을 검토했어요. 하지만 한국 정부는 충격을 받은 노동자들의 빠른 귀국이 우선이며, 추후 미국에 돌아와서 다시 일을 하는 것이 좋겠다는 의견을 전달했죠. 결국 미국도 이를 받아들여 노동자들은 지난 12일 무사

히 귀국할 수 있었습니다.

이번 사태의 배경에는 비자 문제가 있습니다. 미국은 '미국 우선주의' 정책으로 외국 기업이 공장을 미국으로 옮기도록 압박해왔습니다. 하지만 새 공장을 운영하려면 전문 기술 인력이 꼭 필요합니다. 문제는 외국인 전문직 비자인 H-1B의 발급량이 적을뿐더러 발급조차도 추첨으로 정해진다는 점입니다.

빠르게 늘어나는 한국 기업의 투자 수요를 감당하기엔 부족하죠. 그렇기에 많은 단기 근로자들은 단기상용비자인 B1이나 전자여행허가 ESTA에 의존할 수밖에 없는 상황입니다.

이 사건을 계기로 한미 양국은 비자 제도 개선이 필요하다는 데 공감했습니다. 앞으로 단기 상용비자를 더 유연하게 활용하거나 한국인 전문 인력을 위한 단기 출장 비자를 신설하는 방안, H-1B 비자 내 한국인 할당량을 따로 확보하는 방안 등이 논의될 예정입니다.

미국 내에서는 이번 사건을 두고 "트럼프 행정부의 모순이 드러났다"는 평가도 나옵니다. 외국 기업 투자를 미국으로 불러들이면서도 불법 이민 단속을 강화하다 보니, 정작 숙련된 인력 공급이 막히는 상황이 된 겁니다.

조반니 페리 UC데이비스 경제학 교수는 워싱턴포스트와 인터뷰에서 "이민자 단속이 강화되면 기업들은 미국 투자를 주저할 수밖에 없다"며 "트럼프 행정부가 스스로 공장 유치를 가로막고 있다"고 지적하기도 했습니다.

이번 사태는 단순한 불법체류자 문제를 넘어 글로벌 기업과 노동자, 국가 정책이 얽힌 복합적 문제를 드러냈습니다. 앞으로 양국이 제도를 개선하고 더 나은 협력 방안을 모색함으로써 경제적 인력 교류가 원활해지길 기대합니다.

서나은 인턴기자

출처 : 한국인 노동자, 미국서 체포됐다가 돌아왔대요, 틴매일경제, 2025.09.22.

요약 필사하기

= 지난 9월 5일 미국 조지아주의 현대차 그룹·LG 에너지 솔루션 합작 배터리 공장건설 현장에서 미국 이민세관당국이 외국인 노동자 475명을 체포했다. 그 중 317명이 한국인 이었다. 미국측은 이들이 불법 체류상태이거나 체류 자격을 위반했다고 했다.

이번 단속은 트럼프 정부의 강경한 이민정책 때문이다. 한국 외교부는 적접미국을 방문해 노동자들이 귀국할수 있도록 했다. 지난 12일 한국 노동자들은 무사히 귀국했다. 이 사태에는 비자문제가 있었다. 앞으로 한미 양국은 비자제도 개선이 필요하다는데에 공감했다.

에게 어린이 신문을 그대로 필사하게 하는 대신, 서술어를 기사체로 바꿔 써 보도록 하자. 단순히 베끼는 데서 끝나지 않고 글의 형식을 이해하게 된다.

이 방법에는 두 가지 장점이 있다. 첫째, 아이가 무작정 따라 쓰기만 하면 금세 지루해하고, 글쓰기가 수동적인 숙제처럼 느껴지기 쉽다. 그런데 경어체를 기사체로 바꿔 쓰게 하면 상황이 달라진다. 아이가 문장을 하나하나 쓰면서 "이건 어떻게 바꿀까?" 하고 스스로 판단해야 한다. 따라서 단순 베껴 쓰기가 아니라 생각하면서 쓰는 능동적인 활동이 된다. 부모 입장에서도 아이가 글을 단순히 옮겨 쓰는 것이 아니라 스스로 글을 다듬고 변환하는 힘을 기르고 있음을 확인할 수 있어 큰 의미가 있다.

둘째, 글의 양이 줄어들어 부담이 덜하다. 이 활동을 하려는 이유가 필사 자체에 있는 게 아니기 때문에 굳이 높임말로 길게 풀어놓은 서술어까지 그대로 쓸 필요는 없다. 가뜩이나 연필을 잡기 힘들어하는 아이의 경우에는 분량에 지레 겁먹기 때문에, 써야 할 문장은 짧을수록 좋다.

예를 들어 '태풍이 북상하고 있습니다'라는 문장이 있다고 치자. 이를 '태풍이 북상했다'라고 고쳐 쓰면 글자 수가 13글자에서 8글자로, 약 40%가 줄어든다. 이런 변환 훈련을 통해 짧고 간결하지만 힘 있는 문장을 익힐 수 있다.

실천2. 요약 필사—핵심 문장만 뽑아 필사하기

신문 기사를 처음부터 끝까지 모두 옮겨 적는 것은 아이에게 부담이 될 수 있다. 짧은 어린이 신문이 아닌 일반 신문으로 학습하게 되면 더욱 그렇다. 이럴 때에는 핵심 문장만 뽑아 필사하는 방법이 효과적이다. 기사 제목과 첫 문단, 마지막 결론 문장을 중심으로 필사하게 하면, 짧은 글쓰기 속에서도 글의 뼈대를 파악하는 훈련이 된다. 요약 필사는 앞서 말한 '단 3줄로 끝내는 핵심어 활용 글짓기'의 연장선이다.

기사 한 편은 보통 제목→리드문(핵심 사실)→본문(배경·이유)→결론(전망·마무리)으로 구성된다. 아이가 이 가운데 핵심 문장만 고른다는 것은, 곧 중심과 주변을 구별하는 힘을 기르는 과정이다. 핵심 정보를 찾고, 불필요한 표현은 제거하는 능력이 함께 길러진다.

예를 들어, '강릉에 주말 동안 80㎜ 비가 예보됐다. 이번 비는 가뭄 해갈에 도움이 될 전망이다. 정부는 앞으로 기후 변화에 따른 물 관리 대책을 세우겠다고 밝혔다'라는 세 문장만 필사하는 식이다. 이렇게 하면 불필요한 수식어는 줄이고, 중요한 내용만 남길 수 있다. 아이는 글의 중심을 파악하는 훈련을 하면서 동시에 문장의 간결성을 배우게 된다.

실천3. 문장 변환 필사―다른 표현으로 바꿔 쓰기

같은 내용을 다른 표현으로 다시 써 보는 것은 어휘력 확장에 큰 도움이 된다. 원문 문장을 그대로 필사하고, 이후에는 자기 말로 바꿔 다시 쓰게 하는 방식이다. 예를 들어, 〈케이팝 데몬 헌터스〉의 성공은 다양한 산업군에 낙수효과를 창출하고 있다'라는 문장을 필사한다고 하자. 이를 바꿔 쓰면 다음과 같이 만들 수 있다.

- 〈케이팝 데몬 헌터스〉의 성공은 경제 전반에 걸쳐 낙수효과를 내고 있다.
- 〈케이팝 데몬 헌터스〉의 성공은 다양한 산업군에 긍정적인 영향을 끼치고 있다.
- 〈케이팝 데몬 헌터스〉의 인기는 여러 산업에 활기를 불어넣고 있다.

여기서 '낙수효과'는 '긍정적인 영향, 활기' 등으로 바뀌었다. 또한 서술어 '창출하고 있다'는 '(낙수효과를) 내고 있다, (영향을) 끼치고 있다, (활기를) 불어넣고 있다' 등으로 마칠 수 있다.

핵심은 같은 사실을 다양한 어휘로 표현하기다. 큰 아이는 "〈케이팝 데몬 헌터스〉의 성공은 여러 경제에도 이익을 준다"라고 바꿔 썼다. 이 과정에서 아이는 '낙수효과'라는 단어를 처음 접하면서도 어떻게 문맥에서 쓰이는지 알게 됐다.

문장 변화 필사를 위한 예시 문장은 기사 중 핵심 문장으로 하면 좋다. 핵심어를 찾는 훈련이 되는 것과 동시에 필사 분량에 대한 압박도 덜해진다.

실천4. 질답 필사—질문해서 답 쓰기

기사를 읽고 질문을 만들고 답하는 것도 훌륭한 필사 훈련이다. 대부분의 어린이 신문에는 기사를 읽고 이해했는지를 확인하는 문제가 붙어 있다. 해당 활동만으로도 질답 필사를 완료할 수 있다. 여기에 그치지 않고 부모와 아이가 대화를 이어 가면서 추가 질답을 만들면 내용의 깊이를 파악하는 데에 도움이 된다.

"다시 찾아온 봄철 불청객 황사, '야외 활동 시 주의해야'"라는 기사가 있다면, 아이와 함께 '봄에 황사가 발생하는 이유는 뭘까', '황사가 생기면 우리 생활에 어떤 점이 불편해질까'와 같이 기사 내용을 바탕으로 질답을 나눌 수 있다. 또한 '만약에~'라는 가정형 질문을 만들어 보는 것도 좋다. '만약에 황사가 사라진다면 어떤 점이 좋을까', '만약에 황사가 사라지지 않는다면 우리는 어떻게 대처해야 할까'와 같은 방식이다. 이렇게 하면 아이는 글을 단순히 읽는 수준을 넘어, 내용을 분석하고 비판적으로 사고하는 힘을 기르게 된다.

질답 필사의 핵심은 아이가 글을 받아들이는 데서 멈추지 않고, 글을 토대로 다시 생각을 생산해 내는 과정을 경험하는 것이다. 부모는 아이가 만든 질문에 진지하게 답해 주고, 다시 질문을 던져 대화를 이어 가면서 사고의 폭을 넓혀 줄 수 있다.

실천5. 이미지 필사―표·그래프·그림 등으로 기사 표현하기

기사를 읽고 이해한 내용을 그림이나 표로 나타내는 활동도 할 수 있다. 글로만 요약하는 대신 시각화하는 것이다. 아이가 내용을 자기 방식으로 재구성하면서 이해했는지를 확인할 수 있다.

뉴스 보도를 접하다 보면 '정보 그래픽(인포그래픽)'을 자주 접할 수 있다. 기사 내용을 요약 전달하는 것뿐만 아니라 막대 그래프, 선 그래프, 파이 차트 등 다양한 그래픽을 통해 복잡한 수치를 한눈에 파악할 수 있도록 해 주기 때문에 독자들이 정보를 빠르게 이해하고 기억할 수 있도록 도움을 준다. 뉴스 내용을 정확히 파악하고 흐름을 잘 정리할 수 있어야 작업이 가능하다. 이미지 필사 훈련은 이 같은 맥락에서 문해력을 기르는 데에 효과적인 방법이 될 수 있다.

예를 들어 태풍 기사라면 태풍 이동 경로를 지도로 그려 보게 하고, 가뭄 기사라면 강수량 변화를 막대 그래프로 표현하게 한다. 스포츠 기사라면 경기 결과를 표로 정리해도 좋다. 이렇게 하면 아이는 단순히 글자를 옮기는 것을 넘어, 정보의 흐름과 구조를 스스로

 AI 시대 엄마가 먼저 알아야 할 최상위 공부법

시각화하는 능력을 기르게 된다. 또한 아이는 글을 이미지로 재구성하면서 '어떻게 하면 쉽게 설명할 수 있을까'라는 고민을 하게 되고, 자신만의 언어로 재해석하는 과정을 거치게 된다. 정보 처리 능력과 창의적인 사고력이 동시에 자라는 셈이다.

활용법(3) - 기사 쓰기

지금까지 글의 뼈대를 익히고, 핵심을 요약하며, 다양한 표현을 접하는 훈련을 했다면 이제는 실전에 돌입해 보자. 남이 쓴 문장을 옮겨 적는 데서 끝나지 않고, 스스로 글을 만들어 내는 단계가 필요하다. 바로 '기사 쓰기'다.

기사를 직접 써 본다는 것은 단순히 글쓰기 연습에 그치지 않는다. 아이는 기자가 된 듯이 사건을 관찰하고, 핵심을 잡고, 글로 정리하면서 사실 전달력·구조화 능력·표현력을 함께 키운다. 최상의 공부법은 스스로 선생님이 되어 남에게 가르치듯이 학습하는 것이라고 하지 않던가. '백문이불여일견'이라는 말도 이와 일맥상통한다. 직접 겪어 보는 것만큼 효과적인 학습은 없다.

(1)에서 신문 기사와 친해지며 핵심을 뽑아내는 힘을 기르고, (2)에서 필사를 통해 문장 구성과 표현 방식을 체득했다면, (3) 기사 쓰기는 그 모든 힘을 실제 글로 풀어내는 완성 단계라 할 수 있다. 읽고, 따라 쓰고, 이제는 스스로 써 보는 것. 이 3단계가 연결되어야 비로소 문해력이 자기 언어로 자리 잡는다.

국내외 일간지에 빠지지 않는 기사가 있다. 바로 '사진 기사'다. 사진 기사는 활자로만 가득 채워지면 자칫 답답해질 수 있는 지면에 여유와 균형을 주고, 핵심 사건을 압축해 보여 줌으로써 독자들이 정보를 직관적으로 파악할 수 있도록 해 준다. 사진 기사 하단에 달린 설명은 단 1~2줄이지만, 여기에는 육하원칙에 따른 핵심 정보가 모두 담겼다. 독자들은 단 한 장의 사진만으로도 사진 촬영 앞뒤 이야기를 상상하며 이야기꽃을 피울 수 있다. 아이에게 기사를 직접 써 보는 첫걸음으로 '사진 보고 기사 쓰기'를 권하는 이유가 여기에 있다. 글감이 막연하지 않고 눈앞에 보이는 장면이 분명하기 때문에 아이가 훨씬 수월하게 시작할 수 있다.

방법은 간단하다. 신문이나 온라인 뉴스에서 사진이 포함된 기사를 보여 주되, 글은 가리고 사진만 제시한다. 그런 다음 아이에게 "이 사진에는 누가 나오니?", "어디서 무슨 일이 벌어지고 있는 것 같아?"라고 질문한다. 아이가 대답한 내용을 바탕으로 육하원칙을 채워 나가며 짧은 기사를 쓰게 하면 된다.

예를 들어, 아이에게 운동장에서 축구를 하는 사진을 보여 줬다고 하자. 아이는 "오늘 오전 ○○초등학교 운동장에서 전교생이 참여한 축구 대회가 열렸다. 학생들은 응원 속에서 즐겁게 뛰었고, 학교는 스포츠맨십을 강조했다"라는 기사를 쓸 수 있다.

이 활동은 관찰력과 상상력을 동시에 자극한다. 사진 속 인물의 표정, 배경, 상황을 살펴보면서 아이는 글을 쓰기 위한 소재를 발굴

하고, 사진 속에 숨은 이야기는 어떤 게 있을지 상상의 나래를 펼칠 수 있기 때문이다.

사진 기사 쓰기를 할 때에는 제목 붙이는 단계까지 지도하면 좋다. 사진 제목을 정하는 과정에서 아이는 글의 요지를 압축하는 힘을 다시 한번 기른다. 뿐만 아니라 사진과 글, 제목이 어떻게 연결돼 기사의 완결성을 만드는지 체험하게 된다. 이는 단순한 글쓰기 훈련을 넘어, 글과 시각 자료를 함께 다루는 통합적 문해력을 기르는 기회가 된다.

실천2. 가족 일기 쓰기

아이들은 놀이를 통해 새로운 경험을 한다. 아이에게 기사를 쓰게 하려면 소재가 있어야 하지만, 그렇다고 멀리서 소재를 찾을 필요는 없다. 기사 쓰기 위한 특별한 여행이나 이벤트를 하지 않아도 된다는 얘기다. 가장 가까운 주제는 일상이다. 집에서 일어난 일을 기사로 써 보는 활동이 바로 가족 일기의 핵심이다. 일기를 쓰듯이 자신의 경험을 기록하지만, 형식은 기사처럼 육하원칙에 맞추어 사실을 전달하도록 하는 것이다.

모기 장례식

가을 모기가 기승을 부린 지난 20일, 나와 동생은 모기 5마리의 장례식을 치렀다. 올해 7~8월 40도에 육박한 폭염에선 보이지 않았던 모기가

9월 들어서 전투 모기가 돼 나타났다. 모기는 1층 엘레베이터를 타고, 나와 13층까지 올라오는 사이에 4방을 물었다. 동생과 나는 모기에게 복수를 예고하고, 이날 5마리를 잡았다. 일부는 어지럽게 하기 고문을 실시했지만 아직도 왜 우리를 물었는지는 실토하지 않았다. 엄마는 복수는 또 다른 복수를 부른다며 고문은 그만두라고 하셨다. 하지만 나와 동생은 고문 과정에서 살아 돌아간 모기들이 "여기는 있을 곳이 아니다"라며 동료들을 설득해 후퇴할 것으로 기대하고 있다.

위의 기사가 그 예다. 가을 모기 때문에 온 가족이 팔다리를 피나도록 긁으며 진저리를 친 적이 있다. 두 아들은 그런 모기에게 복수를 한답시고 투명 플라스틱 통에 모기를 잡았다. 그러고 나선 통을 마구 흔들어서 모기를 어지럽게 하기 등으로 되갚았다. 엉뚱하기 짝이 없어서 그만두라고 했지만, 되돌아온 답변도 황당했다. "모기가 돌아가서 자기 친구들한테 말할 거야. 잡히면 괴로우니까 여기는 떠나자고."

가족 일기는 이런 일상들을 담으면 된다. 주말에 자전거 타기, 김장하기 등의 활동을 써도 좋다. "지난 주말 온 가족이 배추를 절이고 양념을 버무리며 즐거운 시간을 보냈다. 그동안 할아버지는 주말농장에서 배추 30포기를 기르셨는데, 이번에 김장 재료로 썼다. 맛있게 담근 김치는 올겨울에 우리 가족 식탁을 풍요롭게 해 줄 것 같다"

라는 식으로 쓰면 된다. 평범한 일상이지만 기사 형식을 입히면 특별한 사건으로 탈바꿈한다.

이 활동의 장점은 두 가지다. 첫째, 아이가 익숙한 소재로 글을 쓰기 때문에 부담이 적다. 자신이 직접 경험한 일을 기사화하니 취재의 과정이 필요하지 않고, 자연스럽게 글감이 생긴다. 둘째, 일상의 사건을 객관적으로 바라보는 힘을 키울 수 있다. 아이들은 일기를 쓸 때 "즐거웠다, 재미있었다"와 같은 감상으로 끝내기 쉽다. 그러나 기사를 쓰려면 감상 대신 사실을 전달해야 한다. '누가, 언제, 어디서, 무엇을, 왜, 어떻게'를 빠짐없이 담으려는 훈련이 된다.

실천3. 어린이 기자 되어 보기

기사 쓰기의 마지막 단계는 실제 기자가 되어 보는 경험이다. 이런 체험은 생각보다 어렵지 않다. 국내에는 어린이들이 직접 기자로 활동할 수 있는 기회가 다양하다.

신문사는 물론 지자체별로도 어린이 기자를 뽑는다. 지원서에 간단한 자기소개와 글을 써서 제출하면, 선발된 아이들은 기자증을 받고 활동할 수 있다. 기자단에 들어가면 현장 취재, 행사 참여, 인터뷰 등 다양한 경험을 하며 기사를 작성해 신문이나 온라인에 실을 수 있다. 서울시의 경우, 매년 3월 초등학교 3~6학년 어린이를 대상으로 '내친구서울' 어린이 신문 기자를 모집한다. 학교 차원에서도 '교내 어린이 기자단'을 운영하는 경우가 있다. 교내 행사를 기사로 쓰거나, 체험학습 후 소감을 기사 형식으로 정리해 학급 신문이나 학교 홈페이지에 싣는다. 부모가 관심을 가지고 학교나 지역사회에서 제공하는 이런 프로그램을 찾아보면, 아이가 기자로 활동할 기회를 쉽게 만날 수 있다.

어린이 기자 활동의 가장 큰 효과는 '체험'과 '글쓰기'를 연결할 수 있게 된다는 점이다. 실제 사람을 만나고, 현장을 관찰하는 등의 '취재' 과정을 접하고, 이를 글로 옮기면서 효과적인 전달 방법을 배우게 된다. 또한 자신이 쓴 기사가 지면에 실리고, 다른 사람들이 읽게 되는 경험은 아이에게 강한 동기부여가 된다. 단순히 글쓰기가 아니라, 세상을 바라보는 눈과 문제를 표현하는 힘을 기를 수 있다.

■ **어린이 기자단 프로그램**

기자단 프로그램	모집 대상	모집 기간	특징	비고
내친구서울 어린이 기자단	서울시 초등 3~6학년	3월 모집 및 합격자 발표	지원서 제출 후 지정 주제 기사 1편 제출, 어린이 기자 선정 후 서울시 주요 정책·행사·학교 소식 등 취재	내친구서울 kids.seoul.go.kr
꼬마부산 기자단	부산시 초등 4~6학년	3월 또는 12월 모집 및 합격자 발표	지원서·지정 주제 기사 제출, 부산시 행사 취재, 현직 기자의 기사 작성법 멘토링, 연 1회 이상 기사 작성	부산시 어린이 신문 www.busan.go.kr/ kids

기자단 프로그램	모집 대상	모집 기간	특징	비고
국세청 어린이 기자단	초등 4~6학년	1~3월 모집, 3월 말 또는 4월 초 합격자 발표	지원서·지정 주제 기사 제출, 매월 세금 관련 콘텐츠 1건 이상 제출	어린이 국세청 kids.nts.go.kr
어린이 조선일보 명예 기자	유치원 ~중2	상시 모집	선발된 어린이에게 월말 개별 통보 기 자증은 매월 말 또 는 초에 일괄 발송	어린이조선일보 kid.chosun.com
동아 어린이 기자	초등 3~6학년	매년 3월 모집, 5월 합격자 발표	기사 3건 작성 완료 후 정식 동아 어린 이 기자 인증, 활동	어린이동아 온라인카페 cafe.naver.com/ kidsdonga
비둘기 기자	초중고 전학년	비정기적	지원서·자기소개 서 등 제출	소년한국일보 kidshankook.kr

3

글로 생각 완성하는 법:
논술 쓰기 훈련

왜 지금, 논술이
다시 중요해졌을까

지금까지 문해력을 키우는 다양한 방법들을 소개했다면, 이제는 문해력의 '끝판왕'이라 할 수 있는 글쓰기의 영역으로 들어가 보고자 한다. 문해력은 단순히 읽고 이해하는 능력만 일컫는 것이 아니다. 최종적으로 내가 습득한 내용을 나만의 언어, '글'로 표현할 수 있어야 한다.

특히 오늘날 아이들에게 요구되는 글쓰기는 단순한 일기식, 경험 나열형 글이 아닌 '논술'이다. 주어진 논제에 대해 자신의 생각과 주

   AI 시대 엄마가 먼저 알아야 할 최상위 공부법

장을 논리적으로 적어 내려간 글이다. 여기서 핵심은 '주어진 논제'다. 단순 글쓰기 실력이 좋거나, 나의 주장을 잘 적는 것만으로는 안 된다는 의미다. 시험에서, 대학에서 의도한 바를 제대로 읽어 내고, 이에 맞춰 논리적으로 의견을 서술해야 한다. 그야말로 읽기+해석+표현하기(글쓰기)의 종합 선물 세트라고 할 수 있다.

요즘 아이들에게 논술은 선택이 아닌 '필수'라고들 말한다. 이전에는 대입 논술 전형을 치르는 일부 아이들만 준비하면 됐지만, 지금은 분위기가 달라졌다. 전국 교육청 교육감들이 모인 전국시도교육감협의회는 2025년 7월 정부에 "수능 절대평가와 서·논술형 평가를 도입하라"고 요구했다. 당시 세종시교육감이던 최교진 현 교육부 장관도 이 의견에 동의한 상태다.

교육부에 2025년 7월 1일 자로 신설된 수업혁신융합교육과도 이에 맞닿아 있는 조직이다. AI·소프트웨어 교육 활성화가 주요 업무로 알려져 있는데, 사실 서·논술형 평가 확대 방안 등도 주요하게 다루는 과다. 현재 내신에서부터 서·논술형 평가를 확대해야 한다는 주장이 힘을 얻고 있어, 사실상 초등학생부터 '글쓰기'를 준비해야 하는 시대가 됐다는 평가가 나온다.

생성형 AI 사용이 일반화된 지금, 학교 수행평가나 서술형 평가에서 AI의 답변을 외워 가는 학생들이 늘고 있지 않느냐는 반문이 돌아올 수도 있다. 그렇다면 서·논술형 평가 확대의 취지를 생각해 볼 때다.

한 교육부 관계자는 서·논술형 평가 확대의 핵심은 질문하는 학생을 만들고자 함이라고 말했다. 학교 수업 자체도 ‘질문이 있는 수업’으로 변화시키려는 시도가 늘어나고 있다. 여기서의 ‘질문’은 단순히 정보를 얻기 위한 단편적인 물음만을 의미하는 것이 아니다. 맥락을 파악하고, 문제의식을 제기하고, 나아갈 방향성을 짚어 내는 것이 바로 진정한 ‘질문’이다.

앞에서 서술했듯 AI가 보편화될수록 제대로, 잘 질문하는 사람이 경쟁력을 갖게 되니, 어찌 보면 필수적인 과정이라고 할 수 있다. AI가 분명 방대한 정보를 수집하고 빠르게 정리할 순 있어도, 논제의 맥락 속 적합한 답을 판단하는 것은 분명 인간만이 할 수 있는 일이다.

서·논술형 답변을 아무리 외운다 하더라도, 학교 수행평가가 아닌 종합적이고 고차원적인 사고 능력을 요구하는 대입 논술 시험에서는 통하기 어려울 것이란 이야기다. 실제 2024년 한 대입 논술 과정에서 수험생 1명이 미리 배부된 시험지를 몰래 촬영해 챗GPT로 문제를 푸는 부정행위를 했지만, 오답을 제출해 논술 전형에 불합격한 것으로 알려졌다.

대학들 역시 AI가 생성한 답변이 제시될 수 있음을 이미 잘 알고 있다. AI 답변을 걸러 낼 수 있는 방법, 채점 방식의 고도화를 끊임없이 고민하고 있다고 한다. 이런 상황에서 미묘한 논제의 뉘앙스를 이해하지 못한 암기식 답변으로는 한계가 있을 수밖에 없다. 다른 학생들과 차별화된 ‘나만의’ 답변을 만들기 위해선, 어쩔 수 없이 배경지식을 쌓고, 글감을 모으고, 나만의 논거를 축적하는 ‘정공법’을 택해야 한다.

논술은 무엇을 평가하는가

'논리적 글쓰기'는 기본적으로 누군가를 설득하는 글이다. 나와 의견이 같든, 다르든 내가 적은 글을 보고 상대로부터 '그래, 이렇게 생각할 수 있겠군'이라는 반응을 끌어낼 수 있어야 한다. 그러기 위해선 몇 가지 조건들이 필요하다.

먼저 상식적이어야 한다. 주장이 독창적이되 일반적인 상식 수준을 벗어나선 안 된다. 예를 들어 '남북간의 현 상황을 타개하기 위해 어떤 조치가 필요한지 서술하라'는 논제가 나왔다고 하자. 이때 창의적 답을 내놓는다면서 뜬금없이 '외계 행성과 접촉해 외계인을 투입시킨다'와 같은 해법을 제시한다면 논술 평가위원을 설득하기 쉽지 않을 것이다.

하지만 학생 개개인의 창의력은 엿보여야 한다. 온라인에 검색했을 때 나올 수 있는 뻔한 답변, 누구나 생각할 수 있는 논리 전개에서 반보 더 나아갈 수 있으면 된다. 그러기 어려운 논제라면 서문에서라도 다양한 글감을 통해 자신만의 논리 전개를 시작하는 것이 좋다.

창의력을 엿보이기 좋은 방법 중 하나는 전체를 꿰뚫는 하나의 '통찰'을 제시하는 것이다. 표면적인 현상 이면의 담론을 읽어 낼 줄 아는지, 생각의 깊이가 어느 정도 되는지도 보여 줄 수 있는 지표이기도 하다.

이 모든 조건은 다양한 '논거'를 통해 일관성을 갖고 제시돼야 한다. 나의 주장에 대한 논리적 근거다. 다양한 근거를 가지고 있을수록 논술이 풍부해짐은 물론, 논리를 전개하기도 쉬워진다. 책, 신문, 방송 뉴스 등을 통해 다양한 배경지식 축적이 중요한 이유다.

'초등학생 때부터 이걸 다 해야 하느냐'고 묻는다면, 물론 아니다. 초등, 중등, 고등학생들의 발달이 다르듯 학교급 별로 연습해야 하는 논술 능력 역시 달라진다. 뒤에서 자세히 서술하겠지만, 초등 논술은 아이들이 보편적으로 알 수 있는 주제를 바탕으로 자신의 논리를 차근차근 전개할 수 있는지를 주로 본다. 논술의 기초를 다진다는 생각으로 꾸준히 하는 것이 필요하다.

실제 대입 논술 엿보기

초등학생 때부터 대입 논술을 준비할 필요는 결단코 없다. 하지만 부모가 '대입 논술'이 대체 어떤 식으로 출제되고, 어떤 점을 중점적으로 보는지 정도는 파악하고 있는 편이 좋다. 함께 영화를 보거나, 책을 읽을 때, 5분 뉴스 시간을 거칠 때 아이에게 어떤 방식으로 질문할지, 어떤 것을 주제로 이야기할지 대략적 '감'을 잡을 수 있기 때문이다.

대입 논술은 학생이 주장을 어떤 방식으로 전개하는지, 대학 수업을 잘 이수할 수 있을 정도로 문제 해결 능력이 있는지, 해당 대학의 기준에 맞는 사고력과 창의력을 가진 학생인지를 종합적으로 평가하는 시험이다. 주장과 논거를 바탕으로 학생의 가치관이나 인성도 일부 관찰할 수 있다. 또 기본적으로 고등학교 교과를 바탕으로 출제하기에 아이들이 수업을 성실히 들었는지도 파악할 수 있다.

문제 유형으로는 각 제시문별 논지 비교·평가, 한 제시문의 관점으로 다른 제시문 해석 및 분석, 수리적 개념을 활용한 평가 등이 있다. 이때 제시문과 문제를 그간 쌓아 둔 배경지식과 상상력을 총 동원해 해석하고, 남들과는 다른 나만의 답변을 제시해야 한다. 이를 위해선 주어진 문제와 제시문을 읽을 때 보다 비판적으로, 논리적으로, 창의적으로 해석해 가며 읽어야 한다.

대학들이 발간하는 대학별 고사 자료집을 살펴보면 이러한 점이 더욱 확실히 보인다. 논술 전형을 실시하는 많은 대학들이 자료집을 통해 기출문제와 출제 의도, 해설을 제공하고 있으니, 각 대학 입학처 홈페이지 등을 참고해 문제를 훑어보는 방식도 추천한다.

<h2 style="text-align:center">독후 감상문 대신
'생각 정리 3줄 노트'</h2>

정해진 시험 시간 내에 논리적인 글을 전개하기 위해선 아이들이 사안별로 미리 자신의 주장, 생각 등을 정리해 두는 것이 좋다. 이 연계 활동으로 학교에서 주로 시행하는 방법이 '독후 감상문 쓰기'다. 단순히 책의 줄거리만 적는 것이 아니라, 책을 읽은 후의 감상, 즉 자신의 생각을 적어 내는 것이 바로 독후 감상문이다. 읽은 것에 자기

생각을 더해 책을 온전한 나만의 것으로 만들고, 비판적 사고와 추론을 돕는다는 점에서 아주 좋은 방법이다.

하지만 일단 '독후 감상문을 써 오라'고 하면 거부감부터 드는 아이들이 대다수다. 독후 감상문 숙제 때문에 책을 읽기 싫어진다 말하는 아이들이 있을 정도다. 감상'문'을 써야 한다니 왠지 노트 반쪽 이상은 써야 할 것 같다는 부담이 들기 때문이다. 나 역시 그렇게 독후 감상문이 싫었다. (지금도 싫다.) 잠시 사담을 곁들이자면, 나는 심지어 어린 시절 모두가 알아주는 '책순이'였다. 내가 초등학생 시절 어머니는 일주일에 4권씩 책을 배달해 주는 서비스를 구독해 줬는데, 나는 그것도 너무 부족해 서비스를 확장 구독하던 학생이었다. 그런 내게도 독후감 숙제는 숨이 턱 막히고, 머리가 지끈거려져 오는, 그야말로 친해지고 싶지 않은 친구였다.

하지만 닥치는 대로 책을 읽는다 해도 적어 두지 않으면 잊는 것이 인간의 뇌다. 책 내용뿐 아니라, 책을 읽으며 떠올렸던 생각들도 함께 휘발돼 버린다. 그렇기에 내가 활용했던 방법, 지금도 활용하고 있는 방법이 바로 생각 정리용 3줄 노트다. 책뿐 아니라 세상의 다양한 논제에 대해 활용할 수 있는 방법이기도 하다.

방식은 간단하다. 책을 관통하는 핵심 메시지, 또는 논쟁적 주제에 대해 딱 3줄로 내 생각을 정리해 보는 것이다. 다만 책이냐, 논쟁적 주제 토론이냐에 따라 내용이 조금 달라진다. 먼저 책을 읽은 후 활동일 경우다. 첫 번째 줄은 사실 정리 및 핵심 요약, 두 번째 줄은 '통찰 또는 의미 해석', 세 번째 줄은 '내 생각' 순으로 적는 것이다.

〈심청전〉을 예로 들어보자.

〈심청전〉 3줄 노트

1. 심청이는 아버지의 눈을 뜨게 하려고 인당수에 몸을 던졌다. (주제)

2. 정말 부모가 원하는 행동이었을까? 진정한 효는 무엇일까 (핵심 뽑아내기)

3. 진정한 효는 개인의 행복을 지키며 부모를 돕는 것이 아닐까. (내 생각)

먼저 책의 핵심 사건을 적고, 그 사건이 말하고자 하는 주제 의식과 자신의 생각을 이어 서술해 보는 것이다. 짧은 3줄의 활동이지만 상황 인식과 통찰, 자신의 소감을 모두 쓰면서 논리를 전개할 수 있다. 〈어린 왕자〉도 마찬가지다.

〈어린 왕자〉 3줄 노트

1 어린 왕자는 여우를 통해 '길들인다'는 것이 사랑과 책임을 의미한다는 것을 깨달았다.(요약)

2 진정한 우정, 진짜 관계는 서로 책임을 다하는 것이다.(해석)

3 요새는 온라인에서 가볍게 소비되는 관계가 많은데, 나도 진정한 친구를 만들기 위해 더 노력해야겠다.(느낀 점)

물론 꼭 요약을 첫 번째 줄로 시작하지 않아도 된다. 책을 읽으면서 들었던 의문, 생각을 적어도 된다. 그럴 경우 의문→추론→결론(비판 또는 성찰)의 방식이 가능하다.

〈심청전〉 추론식 3줄 노트

1. 내가 심봉사였다면 심청이가 자기 대신 인당수에 뛰어든 것을 싫어했을 것 같다.

2. 사랑하는 딸이 자신을 희생해 부모를 살리려는 걸 원하는 부모는 없고, 오히려 죄책감이 느껴졌을 것 같기 때문이다.

3. 진짜 효는 희생이 아닌, 같이 살아가며 함께 어려움을 극복해 나가는 태도가 아닐까 생각한다.

대안 제시형 논제도 자주 나오는 만큼 상황 인식→대안 제시→의미 확장형으로 적어 볼 수도 있다.

〈심청전〉 대안 제시형 3줄 노트

1. 심청이는 인당수에 몸을 던졌지만, 나는 그렇게 하지 않았을 것이다.(상황 인식)

2. 대신 돈을 직접 벌 수 있는 다른 방법을 찾았을 것이다.(대안 제시)

3. 진정한 사랑은 함께 살아가며 책임지는 것이라고 생각하기 때문이
다. (이유)

논쟁적인 주제에 대해서도 이처럼 3줄 노트가 가능하다. 먼저 첫째 줄에서 자신의 의견을 밝히고, 둘째 줄과 셋째 줄에 논거를 적는 것이다. 주장과 결론은 사실상 같은 줄이 반복되므로 굳이 셋째 줄에 결론을 적을 필요는 없다.

이는 논술의 '축약형'이기도 하다. 서론—본론—결론을 단 '한 줄'로 요약해 쓰는 방식으로, 나중에 실제 논술을 작성할 때 뼈대를 잡기 쉽게 만든다. 다시 말하자면 논술 작성 전 단계인 '개요'를 연습하는 셈이다.

관찰 일지 쓰기

논술에서 요구하는 '통찰'을 제시하려면 각 사안과 사안을 세세히 분석하고, 그 안에서 공통점과 차이점을 묶는 연습을 많이 해 봐야 한다. 그러기 좋은 방법 중 하나가 바로 '관찰 일지'다.

곤충, 동물, 꽃, 친한 친구, 동생 등 무엇이든 좋다. 내 주변의 것을 자세히 관찰하고, 묘사해 보는 것이다. 그러다 보면 각 대상끼리의

공통점을 묶어 볼 수도 있고, 차이점을 찾아낼 수도 있다.

무언가를 관찰하고 묘사하는 과정에서 어휘력도 향상된다. 이걸 어떤 단어로 어떻게 표현해야 할까? 고민하는 과정이 필수적으로 동반되기 때문이다. 어떻게 시작해야 할지 모르겠는 경우, 이미 나와 있는 자료들(동물이라면 동물도감 등)을 참고해 적어 보면 된다.

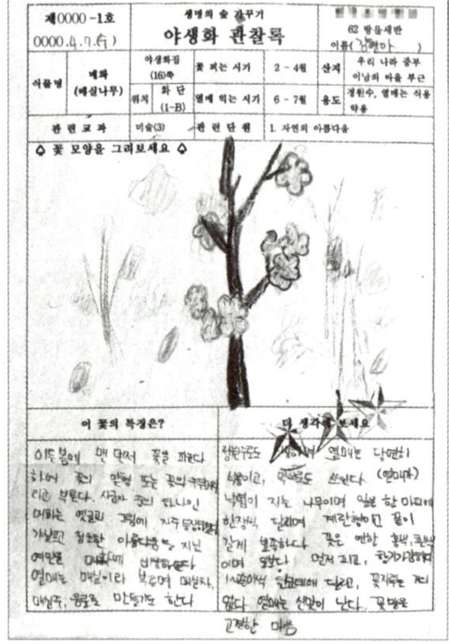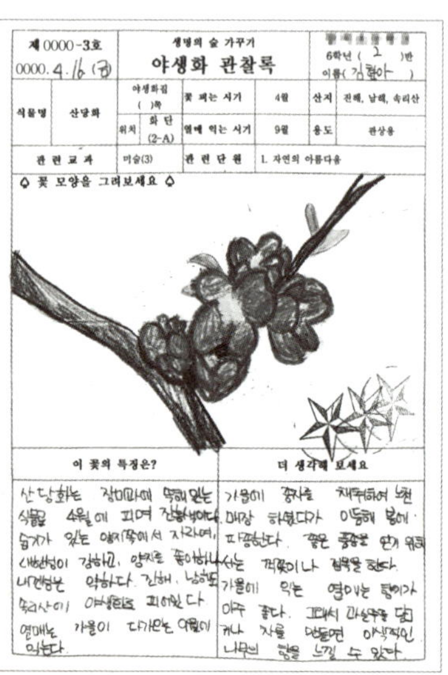

내가 초등학교 6학년일 때 작성했던 야생화 관찰 일지다. 수십 년 전 학교 숙제로 한, 화석 같은 자료다. 부모님이 모아 두신 덕에 책에 실을 수 있었다. 그림에도 재능이 없거니와 거기서 거기인 꽃 모양 때문에 처음에는 정말 하기 싫어했던 기억이 난다. 울며 겨자 먹기로 야생화 도감을 참고해 특징을 적기 시작했는데, 이게 지금껏 도움이 될 줄은 몰랐다. 세세한 차이를 잡아내는 눈썰미를 기르는 데도 나름 도움이 됐고, 이때 배운 묘사형 어휘를 지금도 사용한다.

글감 노트 만들기

풍부한 논술을 작성하기 위해선 글감 모으기가 필수다. 이 글감들을 바탕으로 나만의 독창적인 서론을 만들어 글을 시작할 수도 있고, 논거 마련도 훨씬 쉬워지기 때문이다. 그냥 순간순간 떠오르는 단상을 끼적이는 것 역시 도움이 된다.

그러기 위해선 손바닥만 한 작은 노트를 항상 들고 다니는 것이 좋다. 별것 아닌 소감이라도 아이로 하여금 적어 보게 하자. '비가 오면 하늘이 회색이 된다', '왜 친구가 필요할까' 등 생각나는 대로 써 보도록 하는 것이 중요하다. 뭐든 쉬워야 재밌고, '습관'이 돼야 계속할 수 있기 때문이다.

말로 생각을 드러내는 법: 토론으로 키우는 논리력

토론은 왜 점점 중요해질까

토론은 단순히 말 잘하는 기술이 아니다. 생각을 구조화해 타인에게 설득력 있게 전달하는 힘이다. 논리적으로 사고할 수 있는 토대가 있어야 입 밖으로 꺼낼 수 있다. 앞으로의 교육과 평가, 사회 환경이 달라질수록 이 힘의 중요성은 커질 것으로 보인다.

먼저, 수능이 절대평가로 바뀌고 서·논술형을 강조하게 되는 방식으로 바뀐다고 가정해 보자. 각 대학은 입학 자격을 갖춘 지원자 중에서도 대학 자체 기준을 마련해 원하는 인재를 선발하게 된다. 이때 대학들이 삼을 수 있는 자체 기준은 과거 '본고사' 형태일 수는

 AI 시대 엄마가 먼저 알아야 할 최상위 공부법

없다. 본고사는 이미 법으로 금지하고 있는 데다가, 1점 차 줄 세우기 폐단을 없애자는 취지와도 어긋난다. 그렇다면 대학은 어떻게 학생을 평가할까. 답은 '면접'과 '토론'이다. 많은 교육 전문가들이 지원자의 사고력과 표현력을 함께 측정할 수 있는 방법으로 꼽는 대표적인 평가 방식이다.

과거에는 변별력·비용 문제로 수능 절대평가가 추진되지 않았지만, 최근에는 AI 채점 시스템 등 기술적 대안이 논의되면서 현실 가능성이 높아졌다. 대입제도 개편에 참여했던 한 교수는 "의지의 문제일 뿐, 불가능하지 않다"라고 말했다. 그는 "당시에도 시뮬레이션은 완성돼 있었지만, 교육 당국과 대학의 소극적 태도로 무산됐다"고 회고했다. 결국 수능이 절대평가로 바뀌면 대학은 토론과 면접을 통해 '생각하는 힘'을 평가하게 될 가능성이 크다. 공부의 무게 중심이 '정답 찾기'에서 '생각 말하기'로 옮겨 가는 셈이다.

읽기와 쓰기가 문을 여는 손잡이라면, 말하기는 그 문을 여는 열쇠다. 단순히 대입만의 문제가 아니다. '말(言) 근육'은 AI 시대를 살아가는 핵심 역량이다.

AI 시대에 단순히 '많이 아는 것'이 덕목이 될 수 있을까. AI가 가장 잘하는 것을 생각하면 답은 바로 나온다. AI는 과거 데이터를 바탕으로 학습, 기억, 가공하는 데에 탁월하다. 이미 인간보다 더 빠르게, 더 많이 저장하고 분석할 수 있는데 우리 아이들에게 AI와 외우기 경쟁을 시킬 필요가 있을까. 이제 필요한 것은 지식을 나열하는 힘이 아니라, 생각을 연결하고 판단하는 힘이다.

토론의 기본기,
주장보다 '논거'

토론에서 가장 중요한 것은 주장보다 논거(論據), 즉 주장을 뒷받침하는 사실 기반의 근거다. 논거가 탄탄해야 설득력이 생긴다. 논리적 근거 없는 말은 소리만 클 뿐, 설득력을 잃는다.

AI 시대에는 정보가 폭발적으로 늘어나면서 거짓 근거를 사실처럼 제시하기 쉽다. 심지어 본인도 그것이 가짜 정보인지 모르는 경우가 많다. 정보를 의심 없이 받아들이는 태도는 토론의 가장 큰 적이다.

블로그, 유튜브, SNS 등으로 정보 접근은 쉬워졌지만, 동시에 가짜 뉴스 노출도 늘었다. 성인조차 허위 영상과 조작 콘텐츠에 속는 현실에서, 이제 막 정보 습득 단계에 있는 아이들은 더 취약하다. 따라서 아이들이 '무엇을 믿을 것인가'를 스스로 판단할 수 있도록 비판적 사고를 길러 주는 것이 토론 교육의 출발점이다.

다음 기사 중 가짜 뉴스를 찾아보자.

(가) 216대 차량 연쇄 추돌, 사망자는 '0명'

(나) 일본 기타큐슈시, 초등학교서 무슬림 위한 급식 본격 실시

(다) 2000년 된 이집트 '전설의 도시' 유물, 바다에서 발견

(라) 65세 이상 어르신, 앞으로는 서울 시내버스 공짜

이 중 가짜 뉴스는 (나)와 (라)다.

(나)는 일본에서 나온 가짜 뉴스다. 시작은 SNS였다. 아프가니스탄 출신의 무슬림 여성은 기타큐슈 시의회 교육문화위원회에 '무슬림 초등학생 자녀에게 종교적으로 금지된 음식인 돼지고기와 돼지고기 추출물이 제외된 급식을 제공해 달라'라고 진정서를 냈다. 이후 온라인에서는 '진정서가 채택됐다'는 내용이 퍼졌고, 급기야 SNS에서는 '무슬림을 위한 급식이 실시된다'라는 잘못된 정보가 퍼져 나갔다.

허위 정보를 접한 이들은 시에 "우리 아이에게 왜 무슬림 급식을 제공하냐"라는 등의 항의를 쏟아 냈다고 한다. 나흘 사이 시에 접수된 항의 전화와 메일은 1,000건이 넘어 업무가 마비될 정도였다. 결국 시위원회는 "그런 사실이 없다"고 설명문을 게시하며 허위 정보를 바로잡았다.[14]

이번에는 (라)의 경우를 보자. 전국 지자체에서 시내버스 요금 지원 정책이 확대되면서 노인 대상으로 한 버스비 지원도 있을 법한 얘기로 들린다. 그러나 가짜 뉴스의 함정은 이처럼 '그럴싸한 정보'라는 데에 있다. 있을 법하긴 한데, 실제로 있지는 않은 이야기. 그게 바로 가짜 뉴스다.

현재 만 65세 이상 어르신에게 지하철은 무료지만 시내버스는 사

---

14 기타큐슈시 교육위 '무슬림 급식 제공' 부인, 마이니치신문, 2025.09.24.

는 곳마다 지원책이 다르다. 이 가짜 뉴스는 어떻게 퍼지게 됐을까. 시작은 유튜브였다. 유튜버들은 확인되지 않은 정보임에도 '65세 이상 어르신 서울 시내버스 완전 무료', '신청 안 하면 손해' 등의 제목으로 퍼날랐다. 심지어 지원받는 방법까지 제시하며 '주민센터에서 복지 교통 카드를 받고 버스 탈 때 찍으면 끝'이라는 등의 영상도 만들었다.[15]

이러한 가짜 뉴스 때문에 각 지역 주민센터들은 몰려드는 민원 처리에 골머리를 앓았다. 일부 주민센터는 "유튜브에 올라온 다수의 복지 정보는 확인되지 않은 거짓입니다", "유튜버는 공무원이 아닙니다"라는 안내문을 붙이고, 가짜 뉴스에 대응했다. 하지만 일부 커뮤니티 등에서는 여전히 해당 정보를 '공문서'처럼 위장해 유통하고 있다. '전국 확대 및 시행 시기, 신청 방법 및 대상, 기대 효과' 등으로 항목까지 구분하며 올린 정보는 마치 공공기관의 보도 자료처럼 보이지만, 자세히 보면 출처가 없다.

기자들이 기사쓸 때 가장 먼저 확인하는 것이 출처다. 우리가 대화할 때, 믿을 수 있는 정보인지 확인하려면 곧장 되묻게 되는 말이 있지 않은가. "누가 그래?" 이처럼 가짜 뉴스 거르기 1차 작업은 정확한 출처를 확인하는 데에서 출발한다.

---

15 "어르신들 서울 시내버스 공짜" 가짜뉴스 주민센터 전화통만 불났다, 헤럴드경제, 2025.08.23.

  AI 시대 엄마가 먼저 알아야 할 최상위 공부법

(가), (다) 사건의 팩트 체크!

가. 자동차가 200대 넘게 추돌했는데도 사망자가 나오지 않았다는 점에서 의아했겠지만, 2002년 11월 3일 미국 로스앤젤레스 I-710 고속도로에서 실제 발생한 일이다. 216대 연쇄 추돌 사고는 최악의 추돌 사고로 꼽히지만, 현장 사망자가 없었다는 점에서 이목을 끌었다. 사고 당시 짙은 안개가 발생했는데, 운전자들이 속도를 대폭 낮춰 운전해 사망자 수가 나오지 않았다는 분석이 나왔다.[16]

다. 2025년 8월, 이집트 알렉산드리아 동쪽에 있는 아부키르만 해역에서 바닷속으로 사라진 2000년 전의 조각상이 발견됐다. 이집트 관광유물부는 해저 유적지가 프톨레마이오스 왕조와 로마 제국의 중심지였던 고대도시 카노푸스와 헤라클레이온의 일부일 수 있다고 밝혔다.[17]

---

16 LA Times, https://www.latimes.com/archives/la-xpm-2002-dec-24-et-pollard24-story.html

17 AFP News Agency, https://x.com/AFP/status/1958801334871749021

AI 리터러시의 핵심

　토론은 말로만 하는 싸움이 아니다. 근거를 찾고, 정보를 분석하며, 신뢰할 수 있는 자료를 제시해야 한다. 이때 필요한 것이 바로 미디어 리터러시·디지털 리터러시·AI 리터러시다.

　미디어 리터러시, 디지털 리터러시, AI 리터러시는 서로 겹치지만, 초점과 맥락에서 차이가 있다. 무엇을 중심에 두는지에 따라 구분할 수 있겠다. 아래와 같이 나눠 보면 이해가 쉽다.

　미디어 리터러시는 '정보를 비판적으로 읽는 힘'이다. 신문, TV, 인터넷, 유튜브 등 모든 미디어를 비판적으로 분석하고 해석하며 스스로 의미 있게 생산할 수 있는 능력을 말한다. 하루에도 수십 개의 정보를 접하지만, 그중 무엇이 사실이고 왜 그렇게 편집됐는지 모르는 경우가 많다. 가짜 뉴스를 가려내고, 미디어가 제공하는 정보에 어떤 의도나 관점이 담겨 있는지, 무엇을 강조하고 무엇을 숨겼는지 등을 판단하는 힘을 길러야 한다고 보는 게 미디어 리터러시다.

　최근 미디어 리터러시가 더욱 중요해진 까닭은 1인 미디어의 등장으로 인해 가짜 뉴스, 허위 정보에 노출되기 쉬워졌기 때문이다. 과거에는 미디어 리터러시가 가짜 뉴스를 가려내는 것보다는 이념이나 쟁점 등에 있어서 편향된 정보만을 제공하지는 않는지 감시하기 위해 필요했다. 그러나 블로그와 유튜브, AI 기술 상용화 등으로 거짓 정보가 진실로 둔갑해 확산되는 일이 많아지면서 비판적 사고의 힘은 더욱 중요하게 됐다.

　　　　　　　　　AI 시대 엄마가 먼저 알아야 할 최상위 공부법

예를 들어, 과학 실험 영상이라고 해놓고서는 AI로 결과를 조작해 아이들의 판단력을 흐리게 하는 경우도 있고, 제품 영상에서는 효과를 과장해 소비를 유인하는 콘텐츠도 많다. 이처럼 담고 있는 정보(콘텐츠)를 정확하게 읽는 힘이 미디어 리터러시다. 아이와 뉴스나 방송, 영상을 보면서 "이 영상은 누가, 왜 만들었을까?", "이 뉴스는 어떤 입장에서 말하고 있을까?" 같은 질문을 던져 보자. 이런 대화만으로도 아이는 정보를 비판적으로 읽는 습관을 갖게 된다.

디지털 리터러시는 컴퓨터, 스마트폰, 인터넷 등의 디지털 도구를 효율적으로 '다루는 힘'이다. 정보 검색, 자료 활용, 개인정보 보호, 온라인 소통 등이 여기 포함된다. 요즘 초등학생들은 친구들과 단체 채팅방을 만들고, 과제 자료를 검색하고 짧은 영상을 올리기도 한다. 이런 활동 하나하나에 디지털 리터러시가 필요하다.

아이가 인터넷을 사용할 때 "이 정보는 어디서 나왔으며, 믿을 만한 정보일까?", "댓글을 쓸 때 상대방은 어떻게 느낄까?"와 같은 정보 판단의 기준과 디지털 예절 등을 알려 줘야 한다. 또한 디지털 공간은 흔적이 남는다는 사실을 이해시킬 필요가 있다. 댓글을 달 때조차 책임 있는 언행을 할 수 있도록 지도해야 성숙한 디지털 시민으로 자랄 수 있다.

AI 리터러시는 이 둘의 확장·통합형이라고 볼 수 있다. 미디어 리터러시가 신문, 방송, 유튜브 등이 제공하는 정보를 비판적으로 해석하는 것이라면 AI 리터러시는 정보의 생산 주체가 AI일 때 그 산출물을 어떻게 이해하고 다룰지에 초점을 둔다. AI가 만든 결과가 타당한지 검증하고, 편향된 출력 결과를 내지는 않는지 분석하는 능력이 필요하다. 또한 디지털 리터러시의 '기술 이해' 측면에서도 내용이 겹친다. 디지털 리터러시에서 스마트폰, 인터넷 등의 도구를 다루는 힘을 강조했다면, AI 리터러시에서는 AI를 도구로써 창의적으로 활용하는 능력이 핵심이다.

이제 아이들은 검색 대신 AI에게 묻는다. 모르는 수학 문제를 풀어 달라고 하거나, 코딩, 영어 해석, 글짓기까지 대신 시키기도 한다. AI를 활용하는 것은 자연스러운 흐름이 되고 있지만, 문제는 AI가 알려 준 답이 전부라고 믿는 것이다.

AI 리터러시는 인공지능이 어떻게 학습하고 판단하는지 이해하고, 그 결과를 비판적으로 해석할 줄 아는 능력이다. 따라서 AI가 제시한 답을 무조건 수용할 게 아니라 근거와 출처를 확인하며 비판적으로 수용하는 게 필요하다.

예를 들어, AI에게 '지구 온난화의 원인을 알려 줘'라고 물었을 때 AI가 말하는 답을 그대로 믿는 게 아니라 "이 답은 어떤 근거로 나온 걸까?", "다른 자료에서는 뭐라고 할까?", "믿을 만한 출처에서 찾은 것일까?" 하고 되묻는 습관을 길러 줘야 한다. AI가 답을 제시하더라도, 최종 판단은 사람이 해야 한다.

토론에도 수준이 있다: '역지사지' 토론

토론을 위한 기본기를 익혔다면, 이제 본격적으로 '생각 말하기'에 돌입해 보자. 이 책에서 언급할 토론은 고정관념 속의 찬반 토론이 아니다. 말하기의 진짜 힘은 내 생각을 주장하는 것보다 상대방의 생각을 이해하는 것에서 자란다. 이러한 측면에서 주목할 것이 서울시교육청의 '역지사지 공존형 토론'이다.

학생들이 정확한 사실에 근거해 토론의 논거를 찾고, 내 주장만이 아니라 상대방의 주장에도 귀를 기울이며, 견해 차이를 좁혀 나가 합의점에 도달하는 것이 역지사지 토론의 핵심이다. 역지사지 토론 방식은 향후 아이들에게 요구될 토론 방식이라는 점에서 주목할 필요가 있다. 이에 따라 앞으로의 토론 교육 방향은 미디어 리터러시를 기반으로 충분한 자료 검토와 사실 검증을 거쳐 논거를 세우는 '숙의 중심형 토론'으로 발전할 것으로 보인다. 단순히 말로 이기는 기술이 아니라, 정보를 비판적으로 읽고 타인의 관점을 이해하며 함께 해답을 찾아가는 능력이 핵심 역량으로 자리 잡게 될 것이다.

흔히 토론이라고 하면 찬성과 반대로 나뉘어 서로의 견해차를 확인하고, 상대방을 설득하는 과정을 떠올린다. 이 과정에서는 본인의 주장이 좀처럼 바뀌지 않는다. 오히려 설득을 시도할수록 자기 논리를 강화하는 데에만 몰두하게 되고, 상대의 주장은 점점 배제된다.

결국 기존의 찬반 토론은 이기는 말하기에 초점이 맞춰져 있다.

지금까지 배워 왔던 토론도 이기는 기술에 무게가 실렸던 게 사실이다. 그러나 자신의 주장을 굽히지 않고 끝까지 밀어붙이는 방식은 사고의 폭을 넓히기보다 오히려 좁힌다. 상대의 근거를 검토하거나 반박하는 과정이 겉으로는 논리 훈련처럼 보이지만, 실제로는 이미 정해진 입장을 강화하는 확증 편향으로 흐르기 쉽다.

이처럼 찬반 토론은 사고를 유연하게 만들기보다 고착화시키고, 관점을 다양하게 바라보는 힘을 약화시킨다. 상대의 주장을 이해하려는 태도 대신 이겨야 한다는 경쟁심이 앞서기 때문이다. 결과적으로 '설득의 장'이 '논리 대결의 장'으로 변질되며, 진정한 토론의 목적이 희미해진다.

이러한 한계 때문에 교육 현장에서는 누가 옳은가보다 서로의 생각을 어떻게 연결할 것인가를 묻는 새로운 토론 방식이 필요하다는 인식이 확산되고 있다. 지금도 중고등학교에서 토론 수업을 진행하고 있긴 하지만, 입장을 바꿔 재토론하는 방식으로 다름을 이해하고 서로의 생각에 공감할 수 있도록 하는 수업은 많지 않다.

서울시교육청의 역지사지 토론은 바로 이 지점에서 출발한다. 찬성을 주장했던 팀이 역할을 바꿔, 반대 입장을 직접 피력해 보는 것이다. 토론을 단순히 찬반 대립의 구조로 보는 대신 서로의 입장을 이해하고 공감하며 합의점을 찾아가는 과정으로 확장하는 시도다. 이러한 역할 바꾸기를 통해 다른 의견을 이해하고, 종국에는 합의에 이를 수 있도록 하는 것이 역지사지 토론의 핵심이다.

서울시교육청은 양극화 해소와 상호 존중 문화 정립, 공존형 토론 역량 함양을 위해 이와 같은 토론 수업 모델을 개발했다. 입장 바꿔 토론하는 것을 넘어, 다양한 관점과 입장을 이해하도록 해 공존과 협력의 가치를 배우도록 하겠다는 취지에서다. 정치적 양극화와 사회 갈등이 첨예하게 대립하는 지금, 반대편의 입장도 이해할 수 있는 능력이 민주 시민의 핵심 역량이라는 점에서 의미가 깊다.

2025년 2월, 서울교대 에듀웰센터에서는 'AI 시대 역지사지 공존형 토론 수업' 직무 연수 실습이 진행됐다. 실제 교실에서는 어떻게 역지사지 토론을 실시하게 될까. 역지사지 토론은 왜 필요하며 학생들은 어떻게 느끼고 있을까. 이러한 궁금증에 현장 취재에 나섰다. 이날 주제는 '고등학생의 정치 참여를 금지해야 하는가'였다. 교사와 학생 4명씩 짝을 이뤄 찬반 토론이 이뤄졌다.

"청소년의 정치 판단은 미숙하기 때문에 청소년의 정치 참여는 제한돼야 한다."

"아니다. 청소년의 정치 참여는 분별력을 기르고, 정치 선동에 휘말리지 않는 힘을 길러 주므로 허용돼야 한다."

기존 찬반 토론과 다를 바 없어 보이지만, 이번 '역지사지 공존형 토론'은 찬성—반대 입장을 피력했던 참여자들이 1차 토론 후 역할을 바꿔 반대—찬성으로 2차 토론을 벌인다는 점에서 차이가 있다. 고등학생의 정치 참여는 금지해야 한다는 주장에 찬성했던 참여자들은 30분 만에 '허용해야 한다'로 바꿔 토론을 벌였다.

상대편이 제시했던 근거를 단순히 반복하지 않고, 스스로 논리를 재구성하는 과정에서 '이렇게 생각할 수도 있구나'라며 상대를 이해할 수 있다.

토론 참여자인 경동고 학생은 "역할이 바뀌면서 나의 가치관과 다른 부분을 볼 수 있게 됐다"면서 "특히 역할을 바꾼 데에서 그치지 않고, 합의문까지 작성해 정리된 사항을 보니 서로 달랐던 사람들의 의견이 일치점을 찾았다는 생각이 들어 의미가 있었다"고 말했다.

역지사지 공존형 토론에서는 1차 토론과 입장 전환을 위한 숙의 시간, 2차 토론을 거쳐 마지막 단계에서는 합의안을 작성하도록 한다. 서로 의견을 바꿔 생각을 나누는 동안 합의할 수 있었던 사항, 그럼에도 합의점을 찾지 못했던 사항, 제안할 점 등을 기록한다. 즉, 단순한 견해 교환이 아니라 타협과 상호 보완의 과정을 학습하도록 설계된 구조다.

이 토론에서는 '정치적 성숙·미성숙의 기준은 모호하므로 기준에서 제외하도록 한다'와 '교외 정치 참여는 개인 선택의 영역이므로 간섭할 수 없다' 등은 합의에 도달했지만, 교내 정치 참여 영역 및 방법은 여전히 합의점을 찾지 못했다고 결론냈다.

역지사지 토론을 참관한 중학교 한 교사는 "역지사지 토론의 꽃은 2차 토론인 것 같다"면서 "근거에 따라 상대방은 이해하게 되지만 심정적으로는 '가치의 부조화'가 생길 수 있는데, 이를 어떻게 해결했나?"라고 참여 학생에게 물었다. 찬성에서 반대 역할을 바꿔할 때 단지 역할에 충실했던 것인지, 진심으로 반대 입장이 이해되어 2차 토론에 임했는지 궁금하다는 의미였다.

학생의 답은 분명했다. "역지사지 토론의 꽃은 합의 과정이다."

     AI 시대 엄마가 먼저 알아야 할 최상위 공부법

한 학생은 "초반에는 가치 부조화가 왔지만, 상대방에도 제대로 된 근거가 있고 어떤 생각으로 의견을 펼쳤는지 이해하게 됐다"고 했다. 또 다른 학생은 "합의 과정을 거치면서 내가 몰랐던 것이 있었다는 것을 알게 되었다"며 "피드백을 통해 상대방 의견에도 일리가 있는 점을 발견할 수 있었다"고 했다.

토론을 이끈 교사는 "양쪽 입장을 모두 학습하고 토론에 임하는 것이 가장 중요하다"며 "학생들이 양쪽 입장을 공부하면서 본인 생각을 정리하는 게 보였다. 다양한 생각을 할 수 있는 힘을 줬다"고 평가했다. 정근식 서울시교육감도 "역지사지 공존형 토론은 나와 다른 생각들도 '일리 있다'라고 생각하며 내 입장은 어떻게 수정·보완되어야 하는지 알 수 있는 좋은 공부법"이라면서 "AI 환경에서 어떻게 활용하고 확산하도록 할지 고민 중"이라고 말했다.

학교 수업 속 실제 토론

서울시교육청의 역지사지 토론이 단순한 이론이 아니라 실제 교실 속에서 시도되고 있다면, 이제 궁금한 것은 하나다.

"그렇다면 아이들은 어떤 주제로, 어떤 방식으로 토론하게 될까?"

토론의 소재는 곧 생각의 재료다. 아이들이 접하는 주제에 따라 사고의 깊이와 방향이 달라진다. 서울시교육청은 사회·과학·윤리

등 교과 수업과 연계해 현실적이면서도 가치 판단이 필요한 주제를 중심으로 토론을 설계하고 있다. 기후 위기, AI 윤리, 온라인 표현의 자유, 청소년 정치 참여, 학교 내 스마트폰 사용 제한 등 일상과 밀접한 주제들이 대표적이다.

이처럼 현실 속 문제를 바탕으로 한 토론은 단순한 말하기 연습이 아니라 생각의 훈련이 된다. 아이들은 찬반을 나누기보다, 문제의 본질을 이해하고 타인의 시각에서 세상을 바라보는 힘을 기르게 된다. 이때 기반이 되는 것이 '보이텔스바흐 합의'다.

보이텔스바흐 합의는 1976년 독일 보이텔스바흐_{Beutelsbach} 에서 보수와 진보를 망라하는 교육자, 정치가, 학자 등이 이념과 정파를 뛰어넘는 시민 교육의 3가지 원칙을 담은 합의문이다. 오늘날까지 전 세계 시민·토론 교육, 한국의 민주 시민 교육이나 역지사지 토론 모델의 근간이 되고 있다.

보이텔스바흐 합의의 세 가지 원칙은 강압 금지·논쟁성 보장·정치와 생활의 연계 등이다. 먼저, 학생에게 '올바른 견해'라는 이름으로 특정 이념이나 주장을 강제로 주입해서는 안 되며, 학생 스스로의 판단 과정을 방해해서는 안 된다. 학생 스스로 판단하고 결정할 수 있는 자율성을 존중해야 한다는 뜻이다. 둘째, 사회에서 논쟁이 되는 사안은 수업에서도 논쟁적으로 다뤄져야 한다. 정답을 제시하는 대신 다양한 시각을 균형 있게 소개해야 한다는 의미다. 셋째, 사회적 논쟁이 학생 자신의 생활에 어떤 영향을 주는지 분석하고, 이를 사회·정치 구조 속에서 비판적으로 사고할 수 있도록 해야 한다.

현실 문제를 자기 문제로 인식하게 만들어 스스로 시민적 역량을 기르도록 하기 위함이다.[18]

다음은 교육 현장에서 실제 다룰 수 있는 역지사지 토론 주제들이다. 서울시교육청이 발표한 《AI 시대 역지사지 공존형 토론 수업 심화 교재》에 나온 주제는 다음과 같다.

중학교용 토론 수업

- AI로 생성한 이미지를 '나의 작품'으로 인정할 수 있을까?
- 내가 찍은 타인의 사진을 편집해서 SNS에 올려도 될까?
- 지구 공동체의 문제 해결에 참여하는 것이 우리의 의무인가?

고등학교용 토론 수업

- 글쓰기 교육에서 AI 활용을 금지해야 하는가?
- 동물 가죽으로 의류 제품을 만드는 것을 비판할 수 있는가?
- 한국 사회는 난민을 적극적으로 수용해야 하는가?
- 경쟁은 필요한가?

주제에서 볼 수 있듯, 역지사지 토론은 찬반 의견 대립이 보이는 주제 중에서도 사회적으로 논의되고 있는 구체적인 사회 현안을 들

---

18 보이텔스바흐 수업연구회, 《보이텔스바흐 수업_교실에서 시작하는 민주시민교육》, 학교도서관저널, 2020

여다볼 수 있도록 짜여 있다는 것을 확인할 수 있다. 논제도 단순히 찬성 혹은 반대를 묻는 게 아니라, 현재의 제도나 상황에 대해 개선하는 방향으로 흐르도록 질문이 구성된 게 특징이다. 또한 논제 하나를 던져 놓는 방식이 아니라, 사회 현안과 관련한 다양한 논제를 만들어 여러 교과에서 적용하는 방식으로 제시된다.

예를 들어 동물권의 경우 '동물 실험은 어떤 경우에 허용될 수 있는가(과학, 도덕)', '동물의 권리를 법적으로 인정해야 하는가(통합사회, 생활과 윤리, 국어)', '반려동물을 가족 구성원으로 인정해야 하는가(사회, 실과)' 등 관련 하위 논제를 다루고, 이후 현 제도나 상황이 개선할 수 있는 방향의 논제, '신약 개발 과정에서 동물 실험을 해도 되는가'를 논의할 수 있도록 하는 식이다.

토론 교육 지침이 이렇다면 아이들은 어떤 대비를 해야 할까.

서울시교육청의 역지사지 공존형 토론의 실제 활동지를 바탕으로 역지사지 논제로 나온 몇 가지 주제를 발췌해 요약, 적용해 봤다.

  AI 시대 엄마가 먼저 알아야 할 최상위 공부법

역지사지 공존형 토론의 실제

- **논제**: (예시) 고등학생의 정치 참여는 금지해야 하나?

- **쟁점**: (쟁점1) 고등학생의 정치적 판단 능력이 미숙한가?
  (쟁점2) 고등학생의 정치 참여는 학교 교육 활동을 방해하는가?

- **1차 토론**
  긍정측 입론(2분)

  부정측 입론(2분)

  교차 질문(4분+4분)

  긍정측 최종 발언(2분)

  부정측 최종 발언(2분)

- **숙의 시간―입장 전환을 위한 시간**

- **2차 토론(입장 바꿔 토론)**
  긍정측 입론(2분)

  부정측 입론(2분)

  교차 질문(4분+4분)

  긍정측 최종 발언(2분)

  부정측 최종 발언(2분)

- **합의안 작성**
  1. 합의한 것

2. 합의하지 못한 것

3. 제안

- 참고

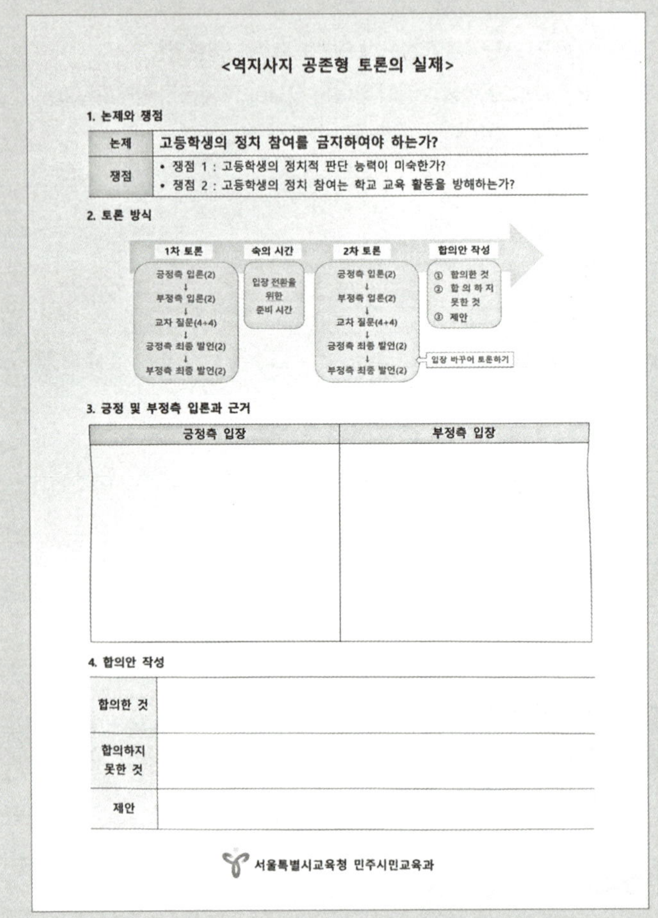

역지사지 공존형 토론의 실제 활동지

사례 적용

- **논제:** 동물 가죽으로 의류 제품을 만드는 것을 비판할 수 있는가?

- **주요 쟁점**

  1. 비건 가죽이 천연 가죽보다 친환경적인가?
  2. 동물복지가 패션의 자유보다 중요한가?

- **성취 기준**

  - 자연을 바라보는 동서양의 관점을 비교, 설명할 수 있으며 오늘날 환경 문제의 사례와 심각성을 조사하고, 이에 대한 윤리적 해결 방안을 제시한다.
  - 동서양의 윤리 사상, 사회 사상의 접근들을 비교 분석하고, 현대 사회의 다양한 윤리 문제와 쟁점에 적용해 윤리적 해결 방안을 도출할 수 있다.
  - 반려동물과 관련한 윤리 문제, 동물 복지를 둘러싼 논쟁 등을 윤리적 관점에서 탐구해 생명에 대한 감수성을 길러 책임 있게 행동할 수 있다.
  - 자연에 대한 인간의 다양한 관점을 사례를 통해 비교하고, 인간과 자연의 바람직한 관계를 제안한다.

- **긍정측 입론과 근거**

  쟁점1) 비건 가죽이 천연가죽보다 친환경적이다.

  - 버섯 균사체로 만든 콤부차 가죽, 포도 부산물로 만든 비제아 가죽, 폐기된 파인애플 잎으로 만든 피나텍스 가죽 등 비건 가죽은 천연가죽보다 훨씬 친환경적이다.[19]

  쟁점2) 동물 복지가 패션의 자유보다 중요하다.

- 동물 가죽을 만드는 과정에 동물들이 많이 희생되고 있다. 윤리적 소비의 입장에서 보면 동물의 복지를 고려한 경제적 활동이 더 필요하다.
- 모피 코트 하나를 만드는 데 40마리 이상의 동물이 필요하다. 비건 가죽으로 코트를 만들면 동물의 희생 없이도 충분히 패션의 자유를 누릴 수 있다.[20]

■ 부정측 입론과 근거

쟁점1) 비건 가죽이 천연 가죽보다 친환경적이지 않다.

- 석유 기반 합성 소재로 만든 비동물성 가죽은 제조 과정에서 미세플라스틱이나 다이옥신 등을 발생시킨다.
- 대량 생산·유통·소비 과정에서 이산화탄소 배출량이 많아지는 것은 천연 가죽이나 비건 가죽이나 비슷하다.[21]

쟁점2) 동물 복지가 패션의 자유보다 중요하지 않다.

- 사람은 누구나 신체의 자유를 가지고 있기 때문에 자신의 패션에 대해 자유롭게 구성할 권리가 있다.[22]
- 데카르트나 칸트 등 인간중심주의 윤리학자들은 동물에 대해서 도덕적 책임은 없다고 주장했다. 그렇기 때문에 동물의 복지를 고려하는 것보다 인간의 자유 신장이 더 우선이다.

19, 20 비건 가죽을 친환경이라고 할 수 있을까, 한겨레21, 2022.08.03. 재참고

21 비건 가죽이라는 단어 뒤에 숨겨진 맹점, 충북일보, 2024.02.28. 재참고

22 대한민국 헌법 제12조 제1항 '모든 국민은 신체의 자유를 가진다'

■ **합의안 작성**

합의할 수 있는 부분

쟁점1

- 비건 가죽이 새로운 패션 아이템으로 인기를 끌고 있다.
- 비건 가죽도 종류에 따라 제조 과정에서 환경 문제를 일으키는 경우가 있다.
- 비건 가죽이건 동물 가죽이건 대량 생산·유통·소비 과정에는 환경 오염을 일으키게 된다.

쟁점2

- 고통과 쾌락을 느끼는 동물들을 함부로 대해서는 안 된다.
- 패션의 자유는 최대한 보장되어야 한다.

합의할 수 없는 부분

쟁점1

- 비건 가죽과 동물 가죽을 제조하는 과정에서 어느 것이 더 친환경적인지에 대해서는 논란이 있다.

쟁점2

- 동물의 고통을 줄여 주는 것과 자유를 보장하는 것 중에서 어느 것을 더 중요시해야 하는지 논란이 있다.
- 동물 가죽을 부산물로 사용해 의류 제품을 만드는 것과 비건 가죽을 의류 제품으로 사용하는 것 중 어느 것이 더 친환경적인 행위인지에 대해 논란이 있다.

앞으로의 과제

- 비건 가죽의 친환경 제조 기술이 발달하는 과정에서 해당 기술이 환경 오염 유발 정도를 얼마큼 완화하는지 과학적인 연구 데이터가 필요하다.

- 동물을 주산물로서 음식용으로 사용하는 것은 도덕적, 환경적으로 허용되지만 동물을 부산물로서 의류용으로 사용하는 것은 도덕적, 환경적으로 허용될 수 없다는 논리는 도덕적, 환경적으로 어떻게 정당화할 수 있는지 성찰하고 탐구할 필요가 있다.

CHAPTER
4

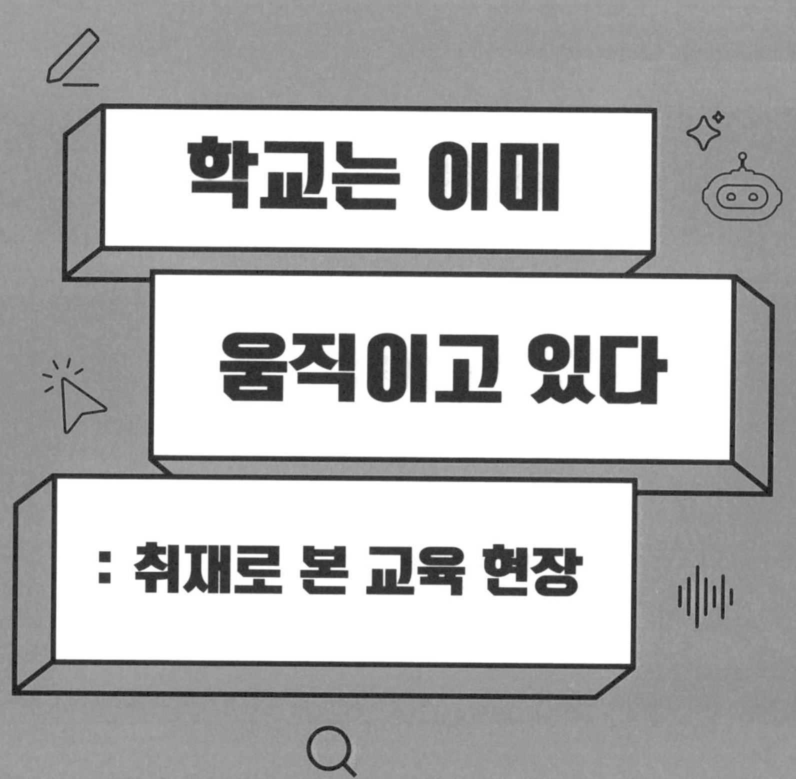
학교는 이미
움직이고 있다
: 취재로 본 교육 현장

수능 만점자
연속 배출 학교의 비밀

AI 시대에도
수능은 유효할까

AI 시대에는 창의적인 인재가 필요하다면서 평가는 여전히 문제 풀이에 머물러 있다.

수능 절대평가, 서·논술형 평가로의 전환을 얘기하고 있지만, 실상 수능을 보면 한 발도 나아가지 못하고 있는 듯하다. 당장 2026학년도 수능을 보면 더욱 그렇다.

2026학년도 수능은 '불수능'이라고 부를 만큼 까다롭게 문제가 출제된 해로 기록됐다. 통상 '불수능'은 상위권 변별력을 높여야 하는 상황일 때 예견된다. 그러나 2026학년도는 정부의 의대 증원 정책이 원점으로 돌아가고, 그에 따른 N수생(졸업생 이상) 비율이 직전 해보다는 감소해 입시 업계에서는 상위권 응시생이 줄어들 것으로 봤다. 이는 수능 난이도 결정에도 영향을 미쳐 과목별로 1~2문제가량 변별력 있는 문제가 나오는, 비교적 평이한 수준에서 문제가 나올 것으로 내다봤다.

하지만 이런 예견은 보기 좋게 빗나갔다. 2014년 초등학교에 입학해서 고등학교 3학년 때까지 12년간 총 9번의 입시 변화를 겪은 '황금돼지띠'(2007년생) 아이들은 수능에서까지 수난을 겪었다.

논란을 부른 건 영어였다. 영어는 절대평가가 시행된 이후, 1등급 비율을 통해 난이도를 가늠해 왔다. 최근 8년간 영어 1등급 비율은 평균 7%대였다.[23] 그러나 2026학년도 영어 1등급 비율은 3.11%에 그쳤다. 상대평가에서는 4%대까지 1등급을 부여하는데, 이 기준에도 못 미치는 수치다. 절대평가의 취지와 괴리가 크다는 비판이 쏟아졌다.

평가원은 "영어 능력 측정에 초점을 맞췄다"고 설명했다. 그러나 절대평가 체제에서조차 결과에 대한 고려 없이 난도를 끌어올린다면, 학생들이 감당해야 할 부담은 여전하다. 1점 차로 줄 세우는 구조는 변하지 않는다. AI 시대에 외국어는 기술로 보완 가능한 영역

---

[23] 절대평가가 실시된 이후 2018년부터 2025년도까지 영어 1등급 비율은 10.03%-5.30%-7.43%-12.66%-6.25%-7.83%-4.71%-6.22% 등이었다. 이들 평균값은 7.55%다.

이 됐지만, 시험은 여전히 누군가는 떨어뜨려야 하는 방식으로 작동하고 있다.

■ **2007년생 황금돼지띠 수난으로 본 교육 정책의 난맥상**

연도	당시학년	주요 변화	영향
2014	초1	학생부 종합 전형 전면화	스펙 쌓기 열풍
2016	초3	한국사 수능 필수 과목 선정, 절대평가로 전환	
2017	초4	수능 영어 절대평가로 전환	영어 선행
2018	초5	조국 사태 → 학종 불신 확산	불공정 논란 정점
2020	중1	정시 확대(40%)	수능 회귀 본격화
2021	중2	통합 수능 도입, 약대 학부 전환	
2022	중3	39개 의대 학부 전환 완료	의대 광풍 본격화
2023	고1	킬러 문항 배제	
2024	고2	의대 2,000명 증원	의대 쏠림·N수생 증가
2025	고3	의대 정원 원점 회귀	

2007년생 황금돼지띠는 초등학교에 입학해서 고등학교 3학년까지 총 9번의 입시 정책의 변화를 겪었다. 1년 4개월에 한 번꼴로 바뀐 셈이다.

34. Kant was a strong defender of the rule of law as the ultimate guarantee, not only of security and peace, but also of freedom. He believed that human societies were moving towards more rational forms regulated by effective and binding legal frameworks because only such frameworks enabled people to live in harmony, to prosper and to co-operate. However, his belief in inevitable progress was not based on an optimistic or high-minded view of human nature. On the contrary, it comes close to Hobbes's outlook: man's violent and conflict-prone nature makes it necessary to establish and maintain an effective legal framework in order to secure peace. We cannot count on people's benevolence or goodwill, but even 'a nation of devils' can live in harmony in a legal system that binds every citizen equally. Ideally, the law is the embodiment of those political principles that all rational beings would freely choose. If such laws forbid them to do something that they would not rationally choose to do anyway, then the law cannot be ____. [3점]

* benevolence: 자비심

① regarded as reasonably confining human liberty
② viewed as a strong defender of the justice system
③ understood as a restraint on their freedom
④ enforced effectively to suppress their evil nature
⑤ accepted within the assumption of ideal legal frameworks

BBC와 뉴욕타임스, 텔레그래프 등은 독일 철학자 이마누엘 칸트의 법철학을 다룬 2026년 수능 영어 34번 문제, 게임과 아바타와 가상공간에 관한 39번 문제 등을 소개하며 "맞힐 수 있겠냐"고 물었다. 위 문제는 2026학년도 수능 영어 34번 문제다.

2년 연속 수능 만점자를 배출한 일반고의 비밀

그렇다면 이런 구조 속에서 과연 학교는 손을 놓고 있었을까? 제도의 한계가 분명한 상황에서도, 학교 차원에서 할 수 있는 역할은 정말 없었을까? 아이러니하게도, 가장 어려웠다는 불수능 한가운데에서 정반대의 결과를 보여 준 학교가 있었다. 특목고나 자사고가 아닌 일반 공립고, 서울 광남고등학교다.

2026학년도 수능 만점자는 5명으로, 전년도(11명)의 절반에도 미치지 못했다. 만점자가 크게 줄어든 해였지만, 광남고는 일반고 중 유일하게 2025학년도에 이어 2026학년도에도 만점자를 배출했다. 더욱이 이 학교는 과거에도 2년 연속 수능 만점자를 배출한 경험이 있다. 우연으로 보기에는 결과가 너무 꾸준했다.

수능이 끝날 때마다 만점자 개인의 공부법은 화제가 된다. 그러나 더 중요한 질문은 따로 있다. 왜 광남고에서는 반복적으로 결과가 나오는가. 만약 그 이유가 학교의 구조와 문화에 있다면, 다른 일반고에도 참고할 만한 지점이 있지 않을까. 이 학교가 '2년 연속 수능 만점자'를 낸 것은 이번이 처음은 아니다. 이 학교 교장이 교감이었던 2014·2015학년도에도 2년 연속 수능 만점자를 냈다. 교장이 '수능 만점의 기운'을 몰고 다니기라고 하는 걸까. 궁금증을 가득 안고 최재일 광남고 교장을 만났다. 지금부터 비결을 하나씩 풀어 보자.

‘나만의 생기부’를
만들어 주는 방법

최 교장이 부임하는 학교마다 가장 먼저 공통으로 해 왔던 것은 ‘자율 학습실’ 운영과 ‘석식’ 제공이었다. 학교 안에서 밥을 먹고 바로 자습실로 이동할 수 있게 동선을 설계해 아이들이 밖으로 빠져나갈 시간을 최소화했다. 서울 강일고등학교 교장 부임 시절, 이러한 방식으로 ‘자기주도학습’을 할 수 있도록 환경을 만들었더니 입시 결과가 크게 변화됐다고 했다. 부임 당시 ‘0명’이었던 서울대 입학생은 최 교장이 부임한 3년 동안 각각 2명, 1명, 2명 등이 매년 배출되어 총 5명이 서울대에 합격했다.

광남고에서도 이러한 방식은 이어졌다. 광남고 자율 학습실은 자정까지 운영된다. 학생들은 밤 10시에 학원 수업을 마쳐도 다시 학교로 와서 자습하고 갈 수 있다. 대체재로 사설 스터디카페가 있을 수 있겠지만, 안정감과 동질감을 줄 수 있는 공간은 학교만 한 곳이 없다고 했다. ‘석식·자습실’은 단순한 공간이 아니라, 학생들의 생활 리듬을 학교 안에 묶어 두는 장치였다. 집과 학원을 오가는 시간, 이동하면서 흐트러지는 집중력을 최소화하고, 교사와 친구들이 지켜보는 공간에서 자기주도학습을 반복하게 만드는 구조다.

최 교장 책상 한쪽에는 학년별로 작성해야 하는 노트 3권이 있었다. ‘배움노트’라고 적힌 이 공책은 광남고의 또 다른 ‘비법 노트’다.

최재일 광남고등학교 교장이 강일고 교장 시절 직접 제작한 배움노트. 강일고에서도 배움노트를 통해 3년간 서울대 합격생 5명을 배출했다. 모두 수시로 합격했다고 한다.

배움노트는 최 교장이 강일고 교장 시절 직접 제작한 책자로, '내 꿈 찾기(적성 탐색, 1학년)—싹 틔우기(진로 탐색, 2학년)—열매 맺기(전공 탐색, 3학년)' 등으로 이뤄졌다. 최 교장은 "꿈이 있어야 공부가 즐겁다"면서 "1학년 때는 꿈을 고민하게 하고, 2학년 때는 그에 맞는 진로·전공을 찾게 하며, 3학년 때에는 그에 맞는 대학, 학과를 선택할 수 있도록 한다"고 말했다. 학생들은 이 공책에 수업·동아리·봉사·체험 활동·독서까지 자신이 한 활동을 직접 적는다. 진로·전공 탐색 과정도 학생 스스로 정리하게 돼 있다. 연말이 되면 교사는 이 기록을 바탕으로 학생부(생활기록부)를 쓴다. '나만의 생기부'가 탄생하는 순간이다.

결국 꿈이
성적을 바꾼다

'진로 탐색 프로젝트(이후 진탐프)'도 광남고만의 또 다른 특색있는 활동이다. 진탐프는 1·2학년 학생들이 관심 분야별로 4~6명씩 팀을 꾸려 1년 동안 전공·직업 세계를 탐색하는 프로그램이다. 관련 전공 조사, 현장 인터뷰, 봉사·프로젝트 활동을 하고, 최종적으로 보고서를 만든다. 여기서 한 활동들은 생활기록부에도 기록된다. 2024년 63개 팀(약 300명), 2025년 57개 팀(약 270명)이 참여하며, 지도교사도 30명에 달한다. 사실상 학년 대부분이 한 번씩은 참여하는 셈이다.

최근에는 1학년 대상으로 독서 프로그램인 '슬기로운 독서 생활' 프로그램도 신설했다. 독서 멘토 교사와 학생 4~5명이 한 모둠이 되어 함께 책을 읽고 생각을 공유하는 방식이다. 일주일치 읽기 분량을 정해서 개인별로 읽되, 요일을 정해 서로의 읽기 상황을 확인한다. 정해진 분량까지의 독서 후 교사가 만든 질문지에 답하거나 사진을 찍어 인증한다. 4주 차에는 온라인이나 오프라인에서 다 같이 모여 모둠 활동을 하며 독서를 마무리 짓는다. 활동 기간(4주) 동안 책 한 권을 읽는 것이지만, 이에 대해 토론하는 동안 나와 다른 4~5명의 시각까지 공유할 수 있기 때문에 책 하나를 읽어도 다각도에서 바라볼 수 있게 된다. 독서 전문가들이 독서 토론에서 얻을 수 있는 효과로 언급하는 '복합 사고'와 '융합적 시각'이 만들어지는 셈이다.

학교 차원에서 '독서·사고력 훈련'을 강화하다 보니, 학생들은 사교육에 의지하지 않아도 해당 프로그램을 통해 서·논술 평가와 어려워진 국어 대입까지 대비할 수 있겠다는 생각이 들었다. 이 활동 역시 생기부에 담겨 수시 지원을 할 때 활용된다. 최 교장은 이러한 책 읽기 활동이 '관심 분야'를 확장하는 데에 도움을 줄 수 있다고 했다. "꿈이 있어야 공부에 대한 동기도 생긴다"는 그는 "진로 탐색 프로그램, 독서 프로그램 모두 학생들의 꿈을 찾기 위한 과정"이라고 했다.

이와 함께 최 교장이 강조한 것은 '운동'이었다. 광남고에는 남자 축구를 비롯해 남녀 농구·배구 스포츠클럽이 꾸준히 운영되고 있다. 참여 규모도 적지 않다. 축구부는 20명 안팎, 농구부는 20~30명, 배구부 역시 20명을 넘는다. 특정 학생만 참여하는 동아리가 아니라, 학교 안에서 상당수 학생들이 몸을 움직이며 하루를 시작한다.

최 교장은 운동이 단순한 체력 관리 차원을 넘어 '인성 교육'을 활성화하는 통로라고 봤다. 특히 학교 생활에 적응하기 힘들어 하는 학생들에게 스포츠는 중요한 역할을 한다고 했다. 지각이 잦고 생활 리듬이 무너졌던 학생들이 운동을 계기로 아침 일찍 학교에 나오고, 규칙 속에서 생활하게 되면서 자연스럽게 학교에 스며든다는 것이다.

최 교장은 운동이 공부와도 무관하지 않다고 봤다. 몸을 움직이며 하루를 시작하고, 팀 활동 속에서 규칙과 관계를 배우는 경험이 결국 학습 태도와 생활 관리로 이어진다는 것이다. 그는 "운동을 통해 학교가 안정되면, 공부도 같이 간다"고 말했다. 광남고에서 운동은 성적을 위한 부가 활동이 아니라, 아이들이 학교에 머물 수 있게 만드는 또 하나의 기반이었다.

 AI 시대 엄마가 먼저 알아야 할 최상위 공부법

수능 만점 학교의 '비법 노트' 공개

무엇보다 학부모들이 가장 궁금해 할 내용은 최 교장이 가는 학교 마다 수시에서 빛을 발하게 해 준 비법 노트, '배움노트'가 아닐까 싶다. 3년간 교과목 시간에 매번 작성해서 나만의 포트폴리오가 되어 줬다는 배움노트는 어떻게 구성됐을까.

1학년 '내 꿈 찾기'에서는 나의 '장점'을 찾는 것부터 시작한다. 내가 잘하고 있는 분야에 대해 칭찬받았던 경험을 적고, 그때의 기분을 쓰는 식이다. 일례로 '칭찬해 준 분=중학교 수학 선생님', '격려의 말씀=넌 수학에 뛰어난 능력이 있는 것 같아', '그때의 기분=수학에 대한 자신감과 흥미가 생겼음'과 같이 쓰면 된다. 과거 긍정적이었던 경험과 기억을 끄집어내는 과정에서 좋아하는 분야, 잘하는 분야를 스스로 찾을 수 있고, 자존감도 높이는 계기가 될 수 있다.

이때, MBTI로 성격 유형에 맞는 직업 분야도 탐색하고, 고용24 (www.work24.go.kr)에서 '직업 심리 검사'를 받아 본 뒤 결과를 정리하는 활동도 진행한다. 추천받은 직업 목록 중에서 관심 있는 직업을 선택하고, 해당 직업을 선택할 때 필요한 '능력·관련 학과·관련 자격·진로 전망·임금·근무 환경·가치관' 등을 세부적으로 기술한다.

여기까지 진행했다면 다음은 스스로 '수업 활동'을 작성하는 단계로 넘어간다. 본격적으로 '나만의 스펙'을 만드는 과정으로, 학교 수업 시간 중 기억에 남는 수업을 차곡차곡 정리하는 방식이다. '○월 ○일 ○교시 ○○수업, ○○○선생님'이라고 일자를 먼저 쓰고 이후 본인이 수업 준비를 위해 한 활동, 수업 시 역할, 알게 된 점 등을 적는다. 학기 혹은 1년 동안 이를 완성해 담당 선생님께 노트를 제출하면, 교사는 학생이 적은 내용을 바탕으로 생활기록부를 작성해 준다.

기록은 '수업' 외 '자율 활동'에서도 이어진다. '창의적 체험 활동'을 기록하는 부분에서는 학교 자율 활동, 동아리 활동, 진로 활동에서 두드러질 만한 내용을 적어 놓는다. 예를 들어 자율 활동에서는 "○월 ○일 스포츠 문화 축제에 참가해 단체 줄넘기에서 우리 반이 이길 수 있는 방법에 대해 연구해, 가장 효과적인 방법을 선택해 우승함. 단합과 친구들에 대한 믿음이 중요하다는 것을 깨달음"이라고 쓰면 된다. 동아리 활동에서는 "○월 ○일 동아리 발표회를 준비하며 다양한 세계 문화를 효과적으로 보여 줄 수 있는 시각 자료를 준비하고 그리스의 신전을 본뜬 포토존을 만들자는 아이디어를 제시함" 등으로 쓸 수 있다.

2학년 '싹 틔우기'에서는 진로를 탐색한다. 학생이 본인 생활기록부를 직접 보면서 분석하는 것이 첫 단계다. 자신의 생활기록부에 '학업성취도·학업 태도·탐구력·전공 관련 교과 이수 노력·전공 관련 교과 성취도·협력과 소통·배려·리더십' 등에 대한 내용이 포함되어 있는지 확인하고, 없다면 2학년 때 보충해야 하는 내용이 무엇인지 찾아 쓰도록 하는 과정이다. 대입 수시 전형에서 실질적으로 도움을 줄 수 있는 항목이다.

1학년 때 '꿈'과 관련해 미래 대학에 대한 밑그림을 그렸다면, 2학년 때에는 합격 전략을 전공별, 대학별로 그려 볼 수 있도록 했다. 현재 나의 학교 내신 점수와 모의고사 점수를 적고, 교과 관련 각오, 비교과 관련 각오를 적는다. 이후 내가 원하는 직업과 관련한 전공 및 해당 전공이 설치된 대학교를 조사하고, 전년도 합격 기준이 어땠는지를 살펴본다.

마지막으로 3학년 때 작성하는 배움노트는 구체적인 전공을 찾기 위한 과정으로 구성된다. 대입 일정을 숙지하고, 희망 대학과 학과를 탐색하는 활동이다. 희망 대학과 학과를 1~3지망으로 추려 고민하고, 해당 학교 및 학과가 희망 직업과 관련이 있는지 생각해 본다. 이를 위해 유리한 전형이 뭔지, 진학을 위해 준비해야 할 사항은 무엇인지를 써 내려 가면서 '정시'와 '수시' 중에서 본인에게 맞는 전형을 고를 수 있게 돕는다.

이렇게 3년간 작성된 '배움노트'는 수시에서 빛을 발했다. 광남고의 서울대, 의과·치과·한의과·약학과·수의과(이하 의치한약수) 대학 합격생(졸업생 제외)은 2022학년도 수시 2명·정시 7명, 2023학년도 수시 3명·정시 8명에서 2024학년도 수시 9명·정시 8명, 2025학년도 수시 15명·정시 5명이었다. 2022학년도 0명이었던 서울대 수시 합격생이 2025학년도 5명으로 늘고, 같은 기간 2명이었던 의치한약수 수시 합격생은 10명으로 늘었다. 3년간의 배움노트가 '수시에 강한' 학교를 만든 셈이다.

영재교육이 보여 주는
문해력의 힘

문과 영재는 입시에서
더 이상 의미가 없을까?

흔히 '영재'라고 할 때 떠올리는 대표 분야는 '수학' 혹은 '과학'이다. 이 때문에 문과형 재능은 영재교육 체계에서 늘 주변에 머물렀다.

영재교육 기관은 크게 '영재학교·과학고'와 '영재교육원(영재원)'과 '영재학급'으로 구분된다. 이중 영재원은 설치·운영 기준에 따라 '교육청·교육지원청 영재원'과 '대학부설 영재원'으로 나뉜다. 전국에 교육청 영재원은 251곳, 대학부설 영재원은 92곳이 있다. 대학·교육청이 운영하는 영재원과 달리 일반 초중학교 내에서 실시하는 영재교육 프로그램인 '영재학급'도 있다. 학교 내 '영재반'이 이에 해당하는데 총 937곳이 운영되고 있다. [24]

정부는 영재교육진흥법 제정 이후 영재교육 수혜자 수 확대, 영재교육 영역의 다양화, 영재교육 프로그램 개발, 영재교원 양성 등을 통해 양질의 교육을 제공하고 있다. 아이가 특정 과목에 재능을 보인다면 영재원 교육을 통해 경험을 넓혀 볼 수 있다. 그러나 막상 영재원을 찾아보면 교육의 중심이 수·과학과 예체능에 쏠려 있어 문과형 인재는 지원할 만한 곳이 제한적이긴 하다. 일례로, 서울서 지원할 수 있는 대학부설 영재원 24곳 중 과학 분야 영재원 8곳(가천대·대진대·서울교대·서울대·덕성여대·연세대·서울과학기술대·동국대), 수과학 융합 및 소프트웨어 분야 영재원 4곳(서울여대·서울교대·이화여대·한양대) 등으로 절반이 이과형 인재를 대상으로 한다. 나머지는 음악, 미술 등 예술 관련 분야가 차지하고 있다.

조용히 책을 읽고 자기만의 생각에 빠져 글을 쓰는 아이들은 수·과학 영재 속에서 '감수성이 뛰어난 아이' 정도의 평가로 그치는 게 아닌지 아쉬운 대목이다. '수학 영재', '과학 영재'는 있는데 '국어 영재'는 없다. '언어 영재'라고 하는 분야도 결국 '영어'다. 문해력이 중요하다면서 국어로 생각을 확장하고 세계관을 넓혀 주는 영재교육은 빠져 있다. 그러나 AI가 정보를 요약하고 생성하는 시대에는 인간 고유의 서사를 구축하고 비판적으로 글을 쓰는 힘이 필요하다.

---

[24] 영재교육종합데이터베이스, 2024년 영재교육 기본 현황

제2의 한강 작가처럼 '노벨문학상'을 받을 문학 인재, 전 세계에 K-콘텐츠를 유행시킨 매기 강 감독의 〈케이팝 데몬 헌터스〉와 같은 작품을 통해 문화의 힘을 보여 줄 스토리 인재를 길러 낼 수 있는 영재교육에 대한 새로운 영역 확장이 필요한 시점이 아닌가 싶다.

■ **2024년 분야별 영재교육 학생 수 및 비중[25]**

구분	2024년 학생 수(명)	비중(%)
수학	6,935	10.6
과학	8,407	12.9
수과학	25,678	39.3
발명	2,873	4.4
정보과학	4,549	7
외국어	1,019	1.6
음악	1,644	2.5
미술	1,498	2.3
체육	318	0.5
인문사회	1,843	2.8
융합	9,300	14.2
기타	1,346	2.1
합계	65,410	100.0

[25] 2024년 전체 영재교육 학생 6만 5,410명 중 수·과학 계열(수학·과학·수과학)이 62.7%를 차지한다. 반면 인문사회 영재는 3%도 채 안 된다. 외국어 분야까지 포함해도 문해력 기반 영재교육 비중은 한 자릿수에 그친다. 비중은 소수점 둘째자리에서 반올림했다. (출처: 영재교육종합데이터베이스, 2024년 '영재교육 기본 현황')

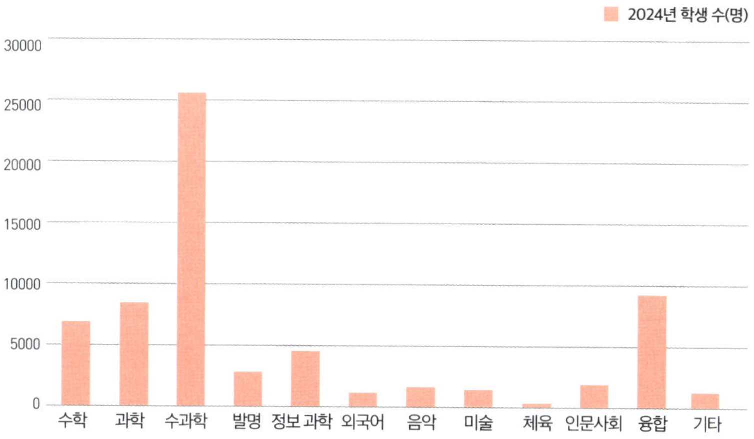

문예창작 영재는
사고력을 키운다

취재 과정에서 만난 교육 전문가들은 공통적으로 말한다. "AI는 가장 통계적으로 적절한 문장을 내놓지만, 인간은 가장 자기다운 문장을 쓴다"고 말이다. 수·과학 영재가 알고리즘을 설계한다면, 인문·문예 영재는 그 알고리즘이 우리 삶에 어떤 의미를 갖는지 해석하고 서사를 부여한다. 평소 책을 좋아하고, 질문이 많으며, 낙서처럼이라도 글쓰기를 즐기는 아이라면 이미 영재 씨앗을 품고 있을 가능성이 크다.

영재원 지원은 복잡하지 않다. 매년 하반기 영재교육종합데이터베이스GED를 통해 전국 영재원의 공고가 올라온다. 여기서 해당 분야 필터링을 통해 아이의 재능에 맞는 영재원을 찾아볼 수 있다.

아이가 책 읽기나 글쓰기를 좋아하고, 창의적인 생각을 자주 하는 문과형 인재라면 눈여겨볼 수 있는 영재원은 전통문화재단의 영재교육원, 성균관대학교 영재교육원 등이 있다. 성균관대 영재교육원의 경우, '인문사회' 분야의 영재를 양성한다는 목표로 신설됐다. 특히, 개별 학문 영역의 심층 지식을 전달하는 다른 영재교육과는 달리 보편적인 창의성, 사회적 감수성, 다름에 대한 개방성 등을 중심으로 한 교육에 무게를 두고 있다. 학생생활기록부와 창의 인성 에세이 자필평가, 수행 관찰 평가(팀으로 미래 문제를 창의적이고 슬기롭게 해결)를 통해 '창의융합 역량'과 '인의예지 역량'을 평가한다.

전통문화재단 영재원은 미술 영재, 융합 영재, 문예창작 영재를 선발한다. 이 영재원의 특징은 과정 수료 후 본인의 작품을 담은 책을 정식 출판(ISBN 등록)한다는 점이다. 자신의 세계관을 하나의 완결된 책으로 엮어 내는 경험은 단순히 글을 잘 쓰는 수준을 넘어 AI가 도달할 수 없는 '주체적 문해력'의 정점을 보여 준다. 논술, 작법을 훈련하는 학원과는 궤를 달리할 뿐 아니라 사교육에서는 거의 시도하지 않는 '책 집필'까지 경험하게 한다는 점에서 영재교육의 방향성을 볼 수 있다.

미술 영재 과정 역시 그림 실기만을 평가하지 않는다. 학생들은 각 작품을 서로 연결해 하나의 이야기를 만들고, 그림을 통해 서사를 구성한다. 이 때문에 단순히 '그림을 잘 그리는' 학생보다, 그림에

'어떤 이야기를 담아낼 수 있는지'를 더 중요하게 본다. 표현력과 상상력, 사고의 흐름이 평가의 핵심이다. 문예창작 영재 과정에서는 글쓰기를 통해 인문학적 사고력을 기르는 과정을 영재교육의 중심에 놓고, 학생들이 직접 작가가 되어 글을 쓰도록 한다. 학생들은 수료 후 창작 동화책을 낸다. 융합 영재 과정에서는 다큐멘터리나 애니메이션 작품을 만들어 영상 발표회를 한다. 감독이 되어 자신의 생각을 시각 언어로 풀어내는 셈이다.

이처럼 국내 영재원은 여전히 수·과학 분야에 집중돼 있지만, 아이의 재능을 조금 더 꼼꼼히 들여다보면 읽고, 쓰고, 이야기를 엮어내는 능력을 영재성으로 인정하는 교육의 길도 분명히 존재한다. 조용히 글을 쓰고, 그림에 이야기를 담고, 자신의 생각을 하나의 책으로 완성해 내는 아이들 역시 미래 사회가 필요로 하는 또 다른 형태의 영재다.

영재원 자기소개서를 쓸 때에는 화려한 수상 경력을 나열하기보다 본인의 지적 호기심, 몰입 경험, 실패를 통한 배움 등을 상세히 적는 것이 좋다. 영재원은 이미 완성된 아이가 아니라 '배울 준비가 된 아이'를 찾는다는 측면에서 해당 영재원 수업을 통해 본인이 성취하고자 하는 바를 적는 것이 도움이 된다.

■ **서울시교육청 서울영재교육 기관(2026년 1월 승인 기준)**

승인 주체	기관	대상 학년	영역
과학기술 정보통신부	가천대학교 과학영재교육원	초5~중3	수·과 융합
	동국대학교 과학영재교육원	초5~중3	수학, 과학, 융합
	대진대학교 과학영재교육원	초6~중3	수학, 과학
	서울교육대학교 과학영재교육원	초5~중1	수학, 과학, 정보, 융합
	서울대학교 과학영재교육원	중1~중3	수학, 과학, 정보
	연세대학교 과학영재교육원	중1~중3	수학, 과학
교육부	서울여자대학교 정보보안영재교육원	중1~고3	정보
문화체육 관광부	한국예술영재교육원	초4~고2	음악
서울시 교육청	건국대학교 음악영재교육원	초3~고2	음악
	고려대학교 영재교육원	초4~중3	융합·AI
	덕성여자대학교 도봉과학영재교육원	중1~중3	수학, 과학, 정보
	상명대학교 창의예술영재교육원	초4~초6	융합
	서경대학교 실용음악영재교육원	중3~고2	실용음악
	서울과학기술대학교 노원영재교육원	중1~중2	수학, 과학, 미술, 문예창작
	서울교육대학교 미술영재교육원	초3~고2	미술, 융합
	서울교육대학교 AI영재교육원	초1~중3	SW, AI
	서울교육대학교 음악영재교육원	초3~초6	음악
	서울대 관악창의예술영재교육원	초4~초6	미술
	성균관대학교 인문사회영재교육원	초4~초6	인문사회

승인 주체	기관	대상 학년	영역
서울시 교육청	숙명여자대학교 음악영재교육원	초1~중3	음악
	이화여자대학교 서대문영재교육원	초5~중2	수학, 과학, 융합
	전통문화재단 영재교육원	초3~초6	미술, 융합, 문예창작
	한양대학교 SW영재교육원	초4~고1	SW
	한양대학교 미술영재교육원	초3~고3	미술

※ 정보 영역은 '정보·AI' 영역을 줄여서 쓴 것이다. 자세한 내용은 각 기관에서 직접 확인해야 한다.

출처: 서울영재교육(https://ssei.sen.go.kr/sge/)

전통문화재단 영재원은 과정 수료 후 정식으로 책을 출간한다. 사진은 《상상그림책 6—푸른숲 소리가 들려요》의 '푸른 향기 숲의 요정' 중 일부다.

자는 아이 없는 수업,
IB의 차이

IB가 뭔가요

'국제 바칼로레아? 바칼로레아는 프랑스 대입 시험 아닌가?'

처음 교육 분야 취재를 시작하면서 들은 'IB(국제 바칼로레아)'는 이름부터 생소한 외국 교육 과정이었다. 교육계 인사, 특히 시도교육청 관계자들은 "수년 전부터 가장 뜨거운 화두 가운데 하나"라며 "전국으로 프로그램 도입이 확산하고 있다"라고 전했는데, 이런 이야기를 이야기를 듣고 나니 더욱 궁금증이 커졌다.

IB는 1968년 스위스 제네바에서 국제연합 등 국제기구 주재원, 해외 주재 상사 자녀들을 위해 개발된 프로그램이다. IB를 인증하는 스위스의 비영리 교육재단 IBO에 따르면 약 160개 국가 5,900여 개 학교에서 운영 중이다. 국제기구나 주재원 자녀들을 대상으로 개발된 프로그램이다 보니 '서로 다름을 이해하고 존중하며 더 나은 평화로운 세상을 실현하는데 기여할 수 있는 지식, 탐구심, 배려심이 풍부한 평생 학습자 양성'이 목표다. 기본적으로 탐구에 기반하는 개념적 이해와 팀워크, 협력을 강조한다. 또 실생활 사례와 맥락을 활용하고, 새로운 정보를 접할 때 자신의 경험과 주변 세계를 연관 지어 이해하게 하는 방식으로 진행된다.

IB는 학습자가 학습 과정에서 활용해야 할 핵심 기능skill으로 사고, 조사, 의사소통, 대인관계, 자기 관리 역량을 제시한다. 그리고 이를 'ATL Approaches to Learning'이라는 이름으로 교과 수업과 평가에 통합해 가르친다. 예를 들어 '사고 기능'은 비판적 사고와 창의적 사고를, '조사 기능'은 질문 생성과 정보 탐색 등의 기능을 의미한다. IB 수업을 운영해 본 한 교사는 "IB에서는 아이들이 학습하는 방법을 배우게 한다"라고 했다.

듣는 수업과
참여하는 수업의 차이

한국에서는 국제학교를 중심으로 도입됐던 IB가 공교육에서 처음 도입된 시기는 2018년경이다. 계기는 공교육의 구조적 한계에 대한 문제의식이었다. 대입·암기 중심 교육을 넘어서 공교육의 평가·수업 체질을 바꾸고, 선행·문제 풀이 중심 사교육보다 읽기·쓰기·사고 중심 학습으로 전환해 보자는 시도였다. IB에서는 서·논술형, 과정 중심 평가가 주로 이뤄지고 탐구·토론·에세이 중심 수업이 진행되기 때문이다. 만약 아이가 다니는 학교가 IB 후보 학교이거나 월드 스쿨이라면, 일부 수업에 IB가 적용된다고 보면 된다.

> **IB 학습자상**
>
> 탐구하는 사람, 지식이 풍부한 사람, 사고하는 사람, 소통하는 사람, 원칙을 지키는 사람, 열린 마음을 지닌 사람, 배려하는 사람, 도전하는 사람, 균형 잡힌 사람, 성찰하는 사람

실제 수업은 어떨까. 취재를 위해 2년 전 찾았던 경기 푸른중학교 과학 시간은 기존 수업과 다른 방식으로 진행됐다. 이날 수업 주제는 '세계적 맥락 속 수자원 지도 제작'이었다. 학생들은 자신들이 직접 찾은 신문 기사와 논문 등의 자료를 참고해서 수자원 지도를 만들기 시작했다. 태블릿 PC와 종이, 색색의 펜을 든 학생들은 자신이 살고 있는 지역과 우크라이나, 중국, 호주, 멕시코 같은 세계 곳곳의 물 문제를 찾아 정리해 나갔다.

이후에는 자료 조사를 바탕으로 자신들이 만든 질문과 생각을 적었다. 모둠별로 생각을 나누는 토론까지 이어졌다. 교사가 개념을 칠판에 판서하고 학생들이 받아쓰는 수동적 수업이 아니라, 학생들

이 직접 문제를 분석하고 자료를 조사하면서 해결책까지 제시하며 능동적으로 참여했다.

학생들은 개념적, 사실적 질문에서 논쟁적 질문까지 나아간다. 예컨대 '지속 가능한 자원의 활용은 어떻게 기후 환경 위기를 해결할까'라는 질문을 우선 던진 뒤 '국가나 지역이 협력한다면 수자원 오염 문제를 어느 정도까지 해결할 수 있을까'라는 논쟁식 질문으로 이어 갔다. 그러고 나면 학생들은 나름의 해결 방안을 찾아 나간다. 이후에는 논술형 수행평가까지 자연스럽게 이어졌다. 다만 현재 한국 공교육에서 모든 수업이 이렇게 이뤄지는 것은 아니고 일부 시간을 할애해 진행된다.

질문·토론·발표가 만든 변화

IB 월드스쿨 가운데 하나인 대구 경북대사대부고 수업도 활기를 띠었다. 수학 수업에서 던지는 질문은 이런 식이다. "함수 $k(t)$는 소스 공장에서 어떤 날에 t시간까지 생산한 케첩의 양(kg)을 나타냅니다. (중략) 해당 함수는 무엇을 나타내나요?" 미적분 개념을 일상 생활에 접목한 문제를 풀어 보는 것이다. 여기서 학생들이 해답에 이르는 과정을 중요하게 여긴다. 학생들은 "뭔가를 배울 때 단순히 암기하는 게 아니라 개념의 본질적 의미를 탐구하는 습관이 생기는 것 같다"라는 반응을 보였다. 토론만 하는 게 아니라 개념까지 학습하게 된다는 것이다.

IB 수업을 실제로 보면서 우리가 생각하는 토론식, 문제 해결식 수업이 체계적으로 이뤄진다는 인상을 받았다. 초등학교 수학 시간에도 도형을 직접 자르고 붙여 가면서 둥근 도형의 면적을 구하는 원리를 스스로 찾는 문제 해결 방식을 경험하게 하는 등 저학년부터 주입식 교육을 탈피하려는 움직임이 일어나고 있었다. 이렇게 IB 프로그램이 확산하면서 교육 성과도 쌓이고, IB 학교를 찾아 전학을 가는 학생들도 늘어나고 시도교육청에서도 IB 학교를 늘리는 추세다. 경기도의 경우 2025년 기준, 참여 학교 수 297개교를 기록하며 2023년 30개교에서 약 10배 늘어났다. 그만큼 학부모와 교육청들의 관심이 뜨겁다.

수업이 다른 만큼 교육 현장에서는 IB를 '새로운 교육의 틀'로 보는 시각이 많다. 하지만 국내에 바로 적용하기는 쉽지 않다. 우선 현행 대학 입시제도에 맞지 않고, 정규 교과 과정에 기반한 수능 중심 입시에서는 불리할 수 있다. 불가능한 건 아니지만 길이 좁을 수 있다는 얘기다.

또 하나는 '로열티' 문제다. 외국 프로그램인 IB를 운영하려면 스위스 IBO에 학교 인증과 교사 연수비, 평가·운영 비용 등을 계속 지급해야 한다. 이 때문에 일각에서는 'KB(한국형 바칼로레아)' 시스템을 개발하자는 주장도 나온다. 공교육 재정과 평가 주권을 해외 프로그램에 장기적으로 의존하기보다 '한국형'으로 만들어 보자는 의

     AI 시대 엄마가 먼저 알아야 할 최상위 공부법

교사		교과군/과목		개인과 사회/지리	
단원명	지리학의 언어	MYP 학년	1	단원 차시(시간)	30

탐구 단계

주요 개념 Key concept	관련 개념 Related concept	세계적 맥락 Globla context
시간, 장소 및 공간	인과 관계 의사소통 기호 및 축적	시공간의 방향성

탐구 진술 Statement of Inquiry

사람들은 시간, 장소 공간의 변화를 전달하기 위해 기호를 사용한다.

탐구 질문 Inquiry questions

- 사실적 질문(Factual questions)
  - 인간 사회는 자연환경과 어떻게 연결되어 있나요?
- 개념적 질문(Conceptual questions)
  - 우리가 어디에 있는지 어떻게 설명할 수 있을까요? 지리를 어떻게 작성할 수 있을까요?
- 논쟁적 질문(Debatable questions)
  - 기호는 중요한가요?

학습 목표 Objectives	총괄 평가 Summative assessment	
A: 지식과 이해(i, ii) B: 조사(ii, iii) C: 소통(i, ii, iii) D: 비판적 사고(i, ii)	**총괄 평가 과제 개요** 대륙 만들기-학생들은 인간 사회에서 시간, 장소 및 공간의 중요성에 대한 이해를 바탕으로 자신이 직접 디자인한 대륙을 만든다. 대륙은 지구의 현실과 부합해야 하며, 사실적인 추론을 통해 정당성을 제시하거나 서면 응답에서 예를 제시해야 한다.	**총괄 평가 과제와 탐구 진술과의 관계** 학생들은 지리학의 상징과 도구를 사용하여 인간 생활에 가장 적합한 조건을 유지하기 위해 정당한 선택을 기반으로 자신의 대륙을 설계한다. 이러한 방식으로 학생들은 자연재해로 인해 발생할 수 있는 문제를 해결할 뿐만 아니라 자연환경과 인간 사회의 관계를 판단할 수 있다.

중학교 사회(지리) 교과 중 '지리학의 언어' 단원 수업의 계획서. 단원과 관련된 여러 탐구 질문과 평가 과제들이 제시되어 있다.

출처: 경기도교육청·ibo.org

미다. 궁극적으로 IB의 장점을 본떠 한국 학생들에게 맞는 평가 제도를 구축하고, 대입까지 연계한 모델을 만들자는 주장이다.

또 한편으로는 IB 학교의 인기에 따른 부작용도 일부 나타나고 있다. 제주에서 IB DP(고교 과정)를 선제적으로 도입한 표선고등학교의 경우, 교육 성과가 나타나면서 입학 경쟁률이 높아지고 표선 지역이 살아나는 효과를 누렸다. 하지만 높은 입학 문턱을 넘지 못하는 표선 지역 중학생들이 원거리 학교에 진학해야 하는 상황이 발생하기도 했다.

이처럼 교육계 전반에서 학생의 미래 역량을 길러 주고 자기 주도적 성장을 모색하는 시도들이 계속되고 있다. 이는 '암기식 수업과 평가는 수명이 다했다'라는 공감대에서 출발한다. IB든 KB든 앞으로 AI 시대에 살아남을 수 있도록 아이를 스스로 탐구하는 인재로 기르는 교육이 실제 수업 변화로 이어질 수도 있을 것이다.

AI 시대일수록 언어는 중요해집니다

그 어떤 질문에도 AI가 척척 답을 내놓는 시대. 우리 아이에게 요구되는 문해력은 이전과는 사뭇 다릅니다. AI가 수집한 방대한 정보 속 원하는 결과값을 얻기 위해선 보다 더 뾰족하고 정교하게 질문해야 하기에, 글이나 상황의 맥락, 뉘앙스를 정확하게 이해하는 것이 그 무엇보다 중요해졌습니다.

게다가 AI는 불완전합니다. 빠르게 답변을 내놓지만, 과연 그것이 참인지 거짓인지 판단하는 것은 오롯이 인간, 우리 아이들의 몫입니다. AI는 어쩌면 앞으로도 영원히 불완전할지 모릅니다. 그 한계를 극복하고 AI를 유용한 도구로 사용하기 위해선 문해력 근육을 키우는 것이 필수적입니다.

그렇다고 무언가 본격적이고 전격적인 방법을 택할 필요는 없습니다. 앞으로 어떤 식으로 입시가 흘러갈지 감을 잡고, 아이와의 일상 속에서 한 걸음씩 변화를 주면 됩니다. 이 책이 구성된 순서이기도 합니다.

입시의 방향은 분명하게 바뀌고 있습니다. 우리 아이가 십수 년 동안 달려야 할 입시의 터널을 무사히 통과하기 위해선 지피지기 백전백승, 입시제도의 변화를 기민하게 파악해야 합니다. 하지만 그 전에 해야 할 준비가 있습니다. 앞서 입시를 치른 우리 부모 세대와 달라진 자녀 세대의 문제를 똑바로 바라보는 것입니다. 1장에서 AI의 등장이란 시대적 변화와 포스트 코로나19 세대, 스크롤 독서 세대의 현실을 먼저 서술한 이유이기도 합니다.

2장에서는 이렇게 달라진 우리 자녀 세대가 맞닥뜨리게 될 입시제도의 변화 방향에 대해 가감 없이 적었습니다. 특히 교육 정책을 집행하는 당국자들과 교육 관련 법안을 만드는 입법가들과의 인터뷰를 실으며 그들의 사고방식을 제대로 알고 함께 고민해 보고자 했습니다. 학생과 학부모가 단순하고 수동적으로 입시를 대하기보단, 보다 적극적인 행위자가 되는 것이 필요한 때이기 때문입니다.

그러고 나면 3장을 통해 입시에서, 나아가 인생을 살아가며 가장 필요한 능력인 '문해력'을 향상시키는 방법을 실천하게 됩니다. 3장은 특히 맞벌이 가정에서도 쉽게 시도할 수 있는 방식들을 담았습니다. 실제 워킹맘인 두 기자가 직접 취재하고, 실천해 보며 재구성한 방법입니다. 책에 나온 방법 모두를 따라 하기보단, 당장 할 수 있는 것부터 정해 하나씩 함께 하는 것을 추천합니다.

제대로 해내야지, 책을 이만큼 읽혀야지 결심하지 마세요. 이미 아이를 키우느라 뼛속 깊은 곳에서부터 힘을 짜내고 있으니까요. 완벽하기보다는 매일 조금씩, 놓지 않고 이어 가다 보면 우리 아이에게도 긍정적인 변화가 분명 나타날 겁니다.

눈에 보이지 않는 문해력을 길러 주자니, 굳게 마음을 먹었음에도 가슴이 답답해져 왔을지 모르겠습니다. 당장 입시와도 연결된다니 더욱 조급할 수 있겠지요. 그래서 이 책은 여러분에게 무더운 날 쉬어 가며 마시는 시원한 아이스 아메리카노 한 모금이 되길 바랍니다. 포기하지 않고 끝까지 책을 읽어 준 여러분께 무한한 감사의 마음을 전합니다.